MARKET SHIFT

ズラシ戦略

今の強みを別のマーケットに生かす
新しいビジネスの新しいつくりかた

並木裕太
株式会社フィールドマネージメント代表

Discover
ディスカヴァー

はじめに

ズラシ戦略？

本書のタイトルを見て、頭にクエスチョンマークを浮かべた方もいらっしゃるかもしれません。アンゾフの成長マトリクスを使った新規事業開発戦略のことでしょう？　何を今さら？　とか。

結局、いまだ大量生産型製造業体質から抜けきらない既存大企業から中小企業まで、イノベーションだ！　新規事業だ！　と、いまや、ブームと言っていいほどの新規事業流行り。書店に行けば、さまざまなノウハウ本がずらり。あまりに、新規事業！　新規事業！　と言いすぎたせいか、最近では、ビジネス系ネットメディアを中心に、「本業に工夫を」とか「新規事業をナメるな、そんな簡単なもんじゃない」とか、アンチテーゼ的な記事も出てきたりしています。そんななかで、なんだ、お前もか!?　と。

実際、新規事業と言うと言葉が重いし、会社として大きな投資を覚悟しないといけないいんじゃないかとか、会社の命運を賭けた勝負！　とか連想しがちだし、第一、そんなことを決定できるのは会社の上層部だけ、私たちには関係ないし、と、アイディアも危機感もありながら、あきらめてしまっている若い人も少なくないでしょう。

だから、**「ズラシ戦略」**なんです。**新規事業じゃなくて、ズラシ事業。**
もともと持っているものを、別の人に売るだけ。正確に言えば、「顧客ズラシ戦略」です。
もう少しコンサルっぽい言い方をすれば――

「スキル等を含めた自社の本質的なアセット（資産）を見つめ直し、新たなビジネスを展開して、これまでとは異なる顧客をつかまえること」

これが、私が考える「ズラシ戦略」の基本概念です。

自分たちの得意技を見つけて、他の場所で使うだけだから成功の確率は高いし、スモールスケールであちこち試してみながら、得意技がハマる場所を探せばいい。すごい覚悟も社運を賭けた投資もいらないわけです。

コツは、試し続けること。 新規事業でなく、「ズラシ事業」ってことで、前向きにズラして、ハマる場所を探す活動を始めちゃえばいいんです。

学校の体力測定で、垂直跳びがクラスで一番だった！　こんな特技が自分にはあったんだ、知らなかった、いままでは陸上部だったけど、バスケ部に入ろうかな、バレー部もいいかな。陸上部の練習が終わった後、両方の練習に参加してみよう！　くらいの心持ちで。

もし、あなたが経営陣であったり、ある程度の裁量権を持っている人なら、若い人たちがいろんな部活の練習に参加しやすいような空気をつくってあげればいいのです。

「ズラシ戦略」なら難しくない！　試してみよう。少しでもそう思っていただければ、本書のミッション完了です！

遅くなりましたが、自己紹介させていただきますと、私は、マッキンゼー・アンド・カンパニーに2000年から約10年間在籍し、その間、ペンシルバニア大学ウォートン校に留学してMBAを取得しました。そしてマッキンゼーを退社した後に、株式会社フィールドマネージメントというコンサルティングファームを立ち上げました。

2019年9月で、創業からちょうど10周年を迎えますが、クライアントや取引先は、日本航空、ソニーといった大手企業や、読売巨人軍、浦和レッズなどのスポーツチーム、日本交通、エイベックス、米国西海岸発のセレクトショップ『ロンハーマン』など、おかげさまで、それぞれ業界の雄とも言える企業が中心です。

とはいえ、あるとき、ふと気づきました。

「うちのクライアント企業が属している業界は、必ずしも成長産業ばかりじゃなくて、シュリンク（縮小）しつつある産業も多いんじゃないか？」

日本航空が属する航空業界は、日本の人口減という現実に立ち向かっていかなくてはならない（航空業界に限った話ではないけれども）。

エイベックスの音楽業界は、昔と違ってめっきりCDが売れなくなってしまった。

読売巨人軍や楽天イーグルスが属するプロ野球界だって、野球が国民的人気スポーツだった時代はとっくに終わっている。

日本交通が属するタクシー業界は、Uberの台頭、それに自動運転技術の進展で、先行きが明るいとは言いがたい。

ロンハーマンが属するアパレル・小売業界は、ECの充実に伴って消費者とメーカーがダイレクトにつながることが可能になった以上、その存在価値を自ら世に問うていかねばならない……。

もちろん、各社、各業界で事情はさまざまでしょうが、少なくとも「放っておいても一定の成長拡大が見通せる」ような状況にはなさそうです。

大手のコンサルティングファームの多くは、ネット業界などの伸び盛りの産業や、巨大産業ゆえ安定的・継続的にコンサルティング案件を供給してくれる金融や製薬といった業界の企業を顧客としています。そういう意味では、弊社のクライアント企業の多くは、大手コンサルティングファームには敬遠されそうな業界に属している、と言えるのかもしれません。

そういうクライアントと長くお付き合いできているのはなぜなのだろうか。

これまで自分が提言してきた内容には、共通する「本質的な何か」があるのではないか。

そこで思い当たったのが「**ズラシ戦略**」だったのです。

繰り返しますと、それは、「**スキル等を含めた自社の本質的なアセット**（資産）**を見つめ直し、新たなビジネスを展開して、これまでとは異なる顧客をつかまえること**」です。

コンサルティングという仕事をしていると、「新規事業がなかなかうまくいかない」と悩んでいる経営者に出会うことがよくあります。

理由はいくつか考えられますが、やはりインターネットの出現の影響が大きいでしょう。

ネットベンチャーにシェアを奪われたり、インターネットの登場で本業のスピード感が加速したことで、それについていけない老舗企業や大手企業が増えているのです。そんななかで、新しい事業をつくろうにも、ノウハウやスキルがないからまずはコンサルに相談する、ということなのでしょう。

ここで、経営者の心理として、これまで関わったことのない産業・業種に手を出すのは危険だと感じるのは当然です。では、現在の本業で使っているアセットが、実は違う業種でも十分に活用できるものだとしたら？

その業種というのが、未知なる〝飛び地〟だったとしても、そこへの挑戦は、無謀なジャンプではなく、勝算の見込める新規事業になり得ます。

そうした思考の転換法を知りさえすれば、新規事業が成功する確率は飛躍的に高まる。私はそう考えています。

その第一歩が、「自分がいま持っているもの」と「その価値」を明確につかむことなのです。

日々、企業活動を営むなかで、ライバル企業よりも優れていると思えるスキルやアセットを的確に認識できてさえいれば、それを使って何が（どんなビジネスが）できるか、誰を（どんな顧客を）惹きつけることができるかを考え出すことは、実はそう難しくはありません。

きっとあなたの会社にも、とてつもない可能性を秘めたスキルや、眠ったままになっている資産はあります。それを活用した新規ビジネスが展開できます！

本書には、「ズラシ戦略」を実践する10社のケースに加えて、弊社フィールドマネージメントでの実践例を、成功例はもちろん、想定していた結果には至っていないものも含めて、ご紹介します。その経験の中から私自身が身をもって得てきた「実践のポイント」も公開します。読者それぞれに合った形で応用していただければ幸いです。

株式会社フィールドマネージメント代表
並木裕太

２０１９年８月

ズラシ戦略 ｜ 目次

第1章

「ズラシ戦略」とは何か？

新規事業は、顧客をずらせばうまくいく！

第2章 ズラシ戦略をケーススタディしてみよう

第1章

「ズラシ戦略」とは何か?

新規事業は、顧客をずらせばうまくいく!

変化が激しい時代です。長らく不可能だとされてきたことが、技術革新によって可能になったり、ちょっと前までは当たり前に必要とされていたものが、あっという間に見向きもされなくなったり。

そうした時代環境に置かれている以上、企業が一つのビジネスだけで永続的に発展していくなんてことは非常に難しい。というか、ほとんど不可能でしょうね。売上を伸ばし、利益を上乗せして、企業を持続的に成長させていこうと思えば、何らかの新規事業をスタートさせることは、当然、検討されるべき選択肢の一つとなります。

ただ、新しい領域へと踏み出すわけですから、うまくいくか、失敗するか、結果を的確に見通すことは困難です。リスクのあるチャレンジにならざるを得ません。だからこそ、少しでもリスクを減らし、成功の確率を高める方策をしっかりと練ることが重要になります。

「事業」を構造化する

新規事業の成功の確率を高めるためには、まず「新規事業とは何か」ということ自体を構造的に理解することが必要です。

では、そもそも「事業とは何か？」

それは、マーケットサイドから見ると、

「課題」×「解決策」

という組み合わせで表現することができます。

誰かが困っている。こんなものがあったらいいのになと考えている。それが「課題」です。その課題で困っている人、不便な思いをしている人に喜ばれる商品やサービス、すなわち「解決策」を考え出し、提供する。そして対価を受け取ることによって、「事業」が成立します。

さらに、課題と解決策のそれぞれに、

「昨日から存在している世界」と「今日から新たに加わった世界」

という時間的な要素を掛け合わせてみると、次ページの図のように表すことができます。

①マーケットサイド・フレームワーク
顧客（市場）から見た新規事業の見つけ方

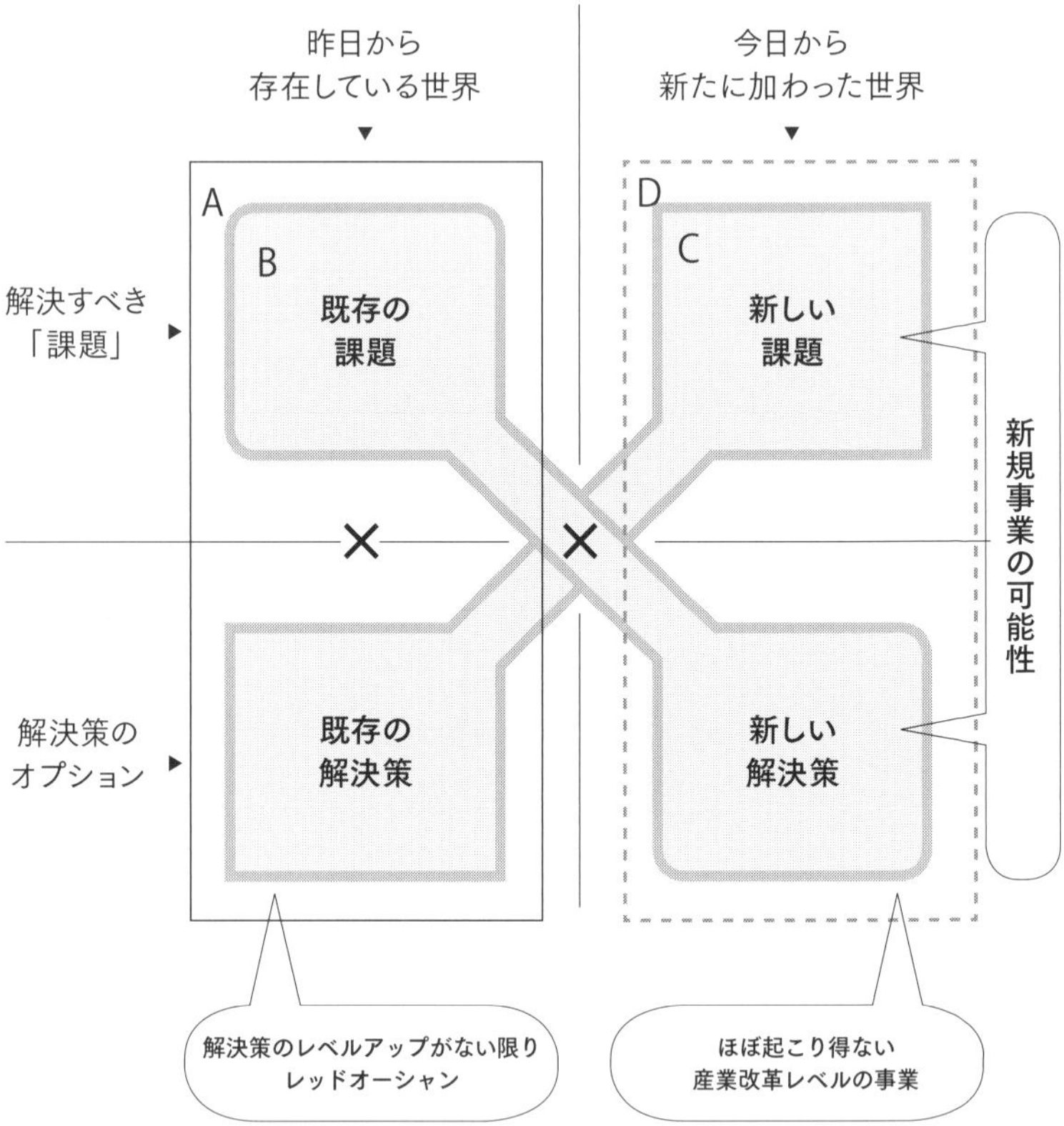

ここで、A　**既存の課題に対して既存の解決策を提供する**という領域については、すでに事業化されているはずであり、新規参入の余地は小さいと判断すべきです（いわゆるレッドオーシャン）。ただし、この**既存の課題×既存の解決策の部分であっても、強みを他産業に生かして用いることによって、新しい事業を生み出すことは可能**です。

着目すべきは、次の2つです。

B　**昔からある課題に対して、新たな解決策を提供できるようになったパターン**
C　**新しく発生した課題があり、何らかの解決策が求められているパターン**

要は、**課題と解決策のいずれかに「変化」が起きているとき、そこに新規事業の可能性が芽ばえる**のです。

Dが起こることは滅多にありません。だいたいの技術革新は、なんらかの課題を解くために、研究が進められるからです。

では、一般的な新規事業の対象となるBとCについて、もう少し詳しく見てみましょう。

「既存課題×新解決策」パターンによる新規事業

まず、Bの「既存課題×新解決策」パターンから先に説明します。

新たな解決策が出てくる背景としては、

❶「技術革新」

❷「規制の変更」

❸「ある製品・プラットフォームの普及による副作用」

の3つが考えられます。

たとえば、「遠くに住む人に連絡したい」という課題に対しては、電話やメールという技術が開発されたことが新たな解決策となりました。こうしたものが1つ目の「技術革新」にあたります。

2つ目の「規制の変更」は、最近で言えば民泊がそれにあたるでしょう。「どこかに宿泊したい」という課題に対して、これまでは原則、ホテルや旅館などの形でしか解決策を提供

新しい解決策の例

	実際の例
技術革新	▶ ブロックチェーンの発明 ▶ 消費者の利用に耐え得る性能・価格のVRデバイスが可能になる ▶ …
規制の変更	▶ カジノが解禁される ▶ 遠隔医療が解禁される ▶ …
ある製品・P　F《プラットフォーム》の普及による副作用	▶ スマホが高性能携帯ゲーム機に転用できる ▶ 自動運転により長距離トラックのコストが1/10になる ▶ …

することができませんでした。ところが、新たに法律がつくられ規制が緩和されたことで、個人宅に泊まる民泊という選択肢が生まれ、それに紐づくビジネスが誕生しました。

そして3つ目、「ある製品・プラットフォームの普及による副作用」の代表的な例の一つが、スマートフォンの普及に伴うスマホゲーム市場の創出です。「暇つぶしをしたい」「ゲームがしたい」という課題（欲求）に対し、広く普及したスマートフォンが既存のゲーム機に置き換わるような形となったことで、スマホゲームという新たな解決策が事業化されるようになりました。

「新課題×既存解決策」パターンによる新規事業

一方、Cの「新課題×既存解決策」パターンはちょっとイメージしづらいかもしれません。一つの例を挙げましょう。

2016年、スマートフォンのGPS機能を活用して移動しながらポケットモンスターキャラクターの捕獲などを行うゲーム『ポケモンGO』がリリースされ、一大ブームを巻き起こしました。珍しいキャラクターが捕獲できる公園には昼夜問わず大勢の人が集まり、スマートフォンの画面とにらめっこする光景が見られたものです。

そこで何が起きたかと言えば、野外で長時間スマートフォンを操作するため、「その場（公園）でバッテリーを充電したい」というニーズが発生したのです。それは以前からあった課題ではなく、ポケモンGOの登場によって新たに生まれた課題でした。

すると、さっそくその公園にモバイルバッテリーを有料で貸し出す人が現れます。

モバイルバッテリーを用いて屋外でスマートフォンの充電を行うこと自体は、その前から行われていたことで、新たに開発された解決策というわけではないのですが、それでも、ポケモンGOの登場という変化が新たな課題を生み、それに対して既存の解決策をあてがうことで新規事業が成立した、というわけです。

新しい課題が出てくる背景

新しい課題が出てくる背景は、4つに大別できます。

1つ目は「マクロ経済トレンド」。社会全体を巻き込む大きな動きのことです。時代と言ってもいいかもしれません。たとえば日本の少子高齢化などがこれに該当します。高齢者が増えたり人口の構成比が変化したりすることに伴って、おのずとさまざまな解くべき課題が生じます。

2つ目は、新しい解決策の例としても出てきた「規制の変更」です。たとえばカジノの解禁や遠隔医療の解禁など。いわばルールが変わるわけですから、課題の側にも、解決策の側にも、変化をもたらします。

３つ目も同じく、新しい解決策の例として出てきた「ある製品・プラットフォームの普及による副作用」です。先述した、ポケモンＧＯの流行による公園での充電ニーズの高まりも、これに含まれますね。もう少し大きな変化としては、実用化への取り組みが進む自動運転なども、その一つでしょう。

車が勝手に目的地まで走行するのが当たり前になる未来には、「車での移動時間をどう使うか」「自動運転車の存在を前提とした新たな交通システムをどう構築するか」といった新たな課題も必ずや生まれているはずです。

そして４つ目が、「天災・人災イベント」。東日本大震災のような大きな災害の発生は、人々の生活にいやおうなく大きな変化をもたらします。これまでにはなかった課題が生じるのは当然のことでしょう。

これらを背景として顕在化する課題に対し、どんな解決策を提供することができるか。既存の解決策が機能する可能性もありますし、新たな解決策を編み出す必要があるかもしれません。こうした視点から発想することが、新規事業を検討する際には重要です。

「新しい課題」の例

	実際の例	変化の速度
マクロ経済トレンド	・少子高齢化による○○○問題 ・訪日客増加による宿泊施設不足問題 ・…	緩慢
規制の変更	・グレーゾーン金利が明確に違法となる ・同一業務同一賃金が導入される ・…	
ある製品・P　F《プラットフォーム》の普及による副作用	・スマホの普及で歩きスマホが社会問題化する ・自動運転が普及すると車内では暇な時間ができる ・…	
天災・人災イベント	・原発事故で水道水の汚染懸念が広がる ・震災で電話・キャリアメールがつながりにくくなる ・…	急速

時流に乗る「市場選択」が新規事業成功のカギ

課題と解決策に変化が起きることで新規事業の可能性が生まれる、というのは、要するに、新たな「市場」が生まれる、ということです。

そして、この新規事業成立の可能性を秘めた市場自体は、実は、日々、いろいろなところで誕生しています。その中から、どの市場を選択するか？　この「市場選択」こそが新規事業間発の最大のポイントなんです。

世界最大のＳＮＳである『Facebook』と、日本のとある町で営まれているラーメン店の創業時の姿を思い浮かべてみればわかります。Facebookを創業したマーク・ザッカーバーグも、一念発起してラーメン店を開店した店主も、少しでも多くの人に利用してもらおうと、情熱を持って商品やサービスの開発に取り組んだに違いありません。その熱量、流した汗の量には、それほど大きな差はなかったでしょう。

ただ、一つの現実として、彼らの努力から生まれた事業の価値には大きな開きが生まれました。上場を果たしたFacebookの時価総額は数十兆円規模にまで膨らみました。個人経営のラーメン店がどんなに繁盛しても埋めようがないほどの差です（これはあくまで数字で表現される事業価値だけに着目したたとえ話です）。

その理由はさまざまあるでしょうが、最大の要因は、起業家が目をつけ、立ち向かった市場にあります。

Facebookの創業は2004年。いまになって振り返れば、ザッカーバーグはまさにSNS時代の幕開けの時期に事業を開始し、世界中を覆い尽くさんばかりの勢いで拡大したSNSという市場の波にうまく乗ることができたのです。

衰退に向かっている市場の中では、どんなに才能のある経営者が力を尽くしても、事業を成功させられる確率は低くなってしまいます。反対に、拡大期にある市場を攻めるビジネスは成功しやすい。身も蓋もない表現になりますが、いくらがんばっても結果が出づらい世界に挑むのではなく、やるべきことさえきちんと抑えていけば、それなりの結果が勝手についてくる世界を選ぶべきなのです。

つまり、**新規事業をスタートさせるうえでは「勝ち馬に乗る」というスタンスが非常に重要**であり、「何をするか」とともに**「いつするか」の見極めが成功確率を大きく左右します。**

スマホ普及率7%という絶妙のタイミングでのスタートの勝利『LINE』

日本で最もなじみのあるコミュニケーションアプリとなった『LINE』の成功は示唆に富んでいます。これまでの論を踏まえて分析してみましょう。

「携帯端末を使ってチャットを楽しみたい」という課題自体には、特に目新しさがあったわけではありません。しかし、LINEがわずか2年で1億ユーザーに到達するほど爆発的に普及した裏側には、新たな課題の存在があったと見るべきです。

一つは、「スマートフォン同士で便利に使えるコミュニケーションツールがほしい」という課題。LINEがリリースされたのは、2011年6月。当時、スマートフォンの普及率は契約ベースで7%程度でした。この、多いとも少ないとも言えない「7%」という数字がポイントです。

仮にスマートフォンを使っている人が2%しかいない段階では、スマートフォン同士で連絡をとる頻度はまだ低く、コミュニケーションツールに対する需要は顕在化しません。

一方、普及率が50%に達した世の中では、すでに何らかのスマートフォン向けコミュニケーションサービスが出回っているでしょう。

スマートフォン同士で気軽に使えるコミュニケーションサービスがビジネスとして成立する準備が整い、爆発前夜の状態。「7％」という普及率は、LINEを市場に投入するにはうってつけのタイミングでした。

しかも、LINEのリリース3ヵ月前の11年3月に発生した東日本大震災が、結果として、その普及を強力に後押しすることになります。広範なエリアに被害を与えた震災発生時、多くの人々が家族や知人に連絡をとろうとしても、電話もメールもつながりにくい状況に直面しました。そうした経験から「電話やメールの代替手段がほしい」という課題（ニーズ）が急速に台頭したと考えられます。

スマートフォンの普及に伴う、スマートフォン同士での利用に特化したコミュニケーションアプリ市場の拡大。LINEはこの絶好の機会を見逃すことなく、まさに「勝ち馬に乗り」、かつ震災という「変化」によって生じた新たな課題に的確に解決策を提供しました。

最高の形で滑り出すことに成功した新規事業のケースとして、参考にすべき点が大いにあります。

もちろん、ただタイミングがよかっただけではなく、LINEというプロダクト自体にも強みはありました。

『Skype』や『Viber』といった既存のサービスに対し、LINEはスマートフォンに特化し、必要な機能を極限まで削ぎ落とすことで、徹底的に使いやすさにこだわりました。これにより、もともとはPC向けであったことから使いにくさもあった競合アプリとは明確に差別化。

また、当時、携帯にたくさんのストラップをつけていることが話題になるなど、携帯とイメージ上の親和性があり流行を先取りするキャラクターとしても認知されていたベッキーをCMに起用して、ブランドイメージを向上させました。

それらがあいまって、新しい課題を抱えたユーザーたちに、その解決策としてLINEを選択させることに成功したのです。

新規事業成功のカギは、〝ずらし〟の意識

課題と解決策に変化が起きたときに生まれる事業のチャンスをとらえ、それによって生じる新たな市場の中から、「勝ち馬に乗る」ことを意識して、市場を選択する。

――こうした概念的なポイントを押さえたとしても、「どんな新規事業を始めればいいの

か」「どの市場を選択すればいいのか」という疑問は簡単には解けませんよね。

そこで必要になってくるのが、事業主体となる**「自社の強みが何なのか」**をきちんと把握しておくこと！

テクノロジーの進展が著しい時代であるせいか、新規事業と聞くと、最新の技術を使って何か新しいことをしようと躍起になる企業が多くあります。

目新しい技術を使った商品やサービスは世間の関心を集めやすく、一時的には「画期的だ」ともてはやされたりもしますが、実はその多くが大きく成長することなく、打ち上げ花火のようにしぼんでしまっています。

たとえば、パナソニックが家電メーカーとしての知見を生かして自動車などモビリティ領域に踏み出す――そう聞いても、新鮮味や驚きを感じない人が大半かもしれません。「燃料電池をつくっているし、自動車業界とのつながりもあるだろうから、想定の範囲内だ」と感じるかもしれません。

だとしても、自らの強みを生かした立派な新規事業です。

肩肘張って無理に冒険する必要などありませんし、ましてや最先端の技術を使うことが目的化してしまっては本末転倒です。

実は、新規事業の成功確率を高めるポイントは、事業領域も活用するスキル・アセットも異なる領域に一気にジャンプするのではなく、**むしろ現在、足場としているところからの“ずらし”を意識すること**にあります。

自社の強みとして活用できる経営資源を特定し、ずらす

まず確認すべきは、新規事業を検討するにあたり、自社が強みとして活用できる経営資源（スキル・アセット）は何か、ということです。

想定されるものとしては、次のようなものが挙げられます。

「技術」
「顧客基盤」
「販路／営業力」
「事業領域での見識」
「ビジネスモデル」

②カンパニーサイド・フレームワーク
企業から見た新規事業のとらえ方

ポイント	事業領域，スキル・アセットの両面で一気に新規（＝“飛び地”）を狙わず，まずどちらかの“隣地”へ出るのが基本パターン

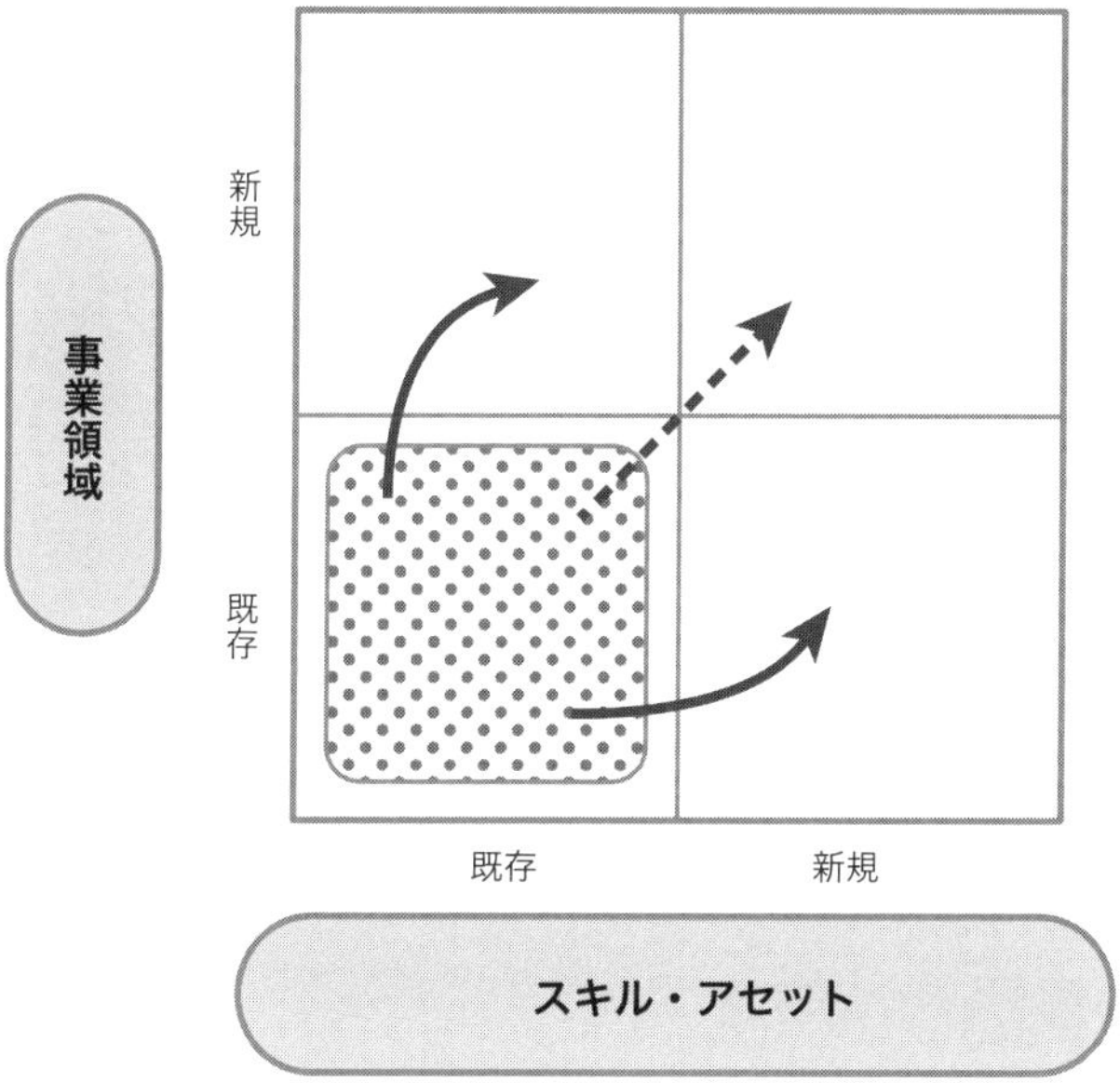

次に、**「事業領域」**を縦軸に、**「スキル・アセット」**を横軸にして、それぞれを「既存」と「新規」に分割した4象限の図を描きます。既存のスキル・アセットを用いて、既存の事業領域で行われている事業が〝現在地〟。そこから縦または横に展開していくことをイメージしてみましょう。

縦と横、それぞれの展開事例を挙げます。

活用すべき経営資源を「技術」に定め、事業領域を縦方向にずらした富士フイルム

まずは富士フイルム。もともとは社名のとおり、光学カメラに使うフィルムが主力商品でした。しかしデジタルカメラの普及によって、その市場は縮小していきます。そこで新規事業として推進されたものの一つが、化粧品事業でした。

富士フイルムは、写真フィルムの製造で培ってきた発色成分の微細化技術を応用。有効成分を極限まで細かく砕くことで、標的箇所に吸収されやすい化粧品やサプリメントの開発を行いました。

また、デジタルカメラ分野で培われた顔認識システムを活用してニキビの発生箇所を可視化するとともに、内視鏡の技術を応用して開発した独自の測定器と画像解析技術によりニキビの内部構造を立体的に解析することで、ニキビケア化粧品の開発につなげることにも成功しています。

強みとして活用すべき経営資源（スキル・アセット）を「技術」に定め、フィルムなどの事業領域から化粧品という事業領域へ、35ページの図で示されるところの縦方向に事業を展開させていったことになります。

活用すべき経営資源を「事業領域での見識」に定め、スキル・アセットを横方向にずらしたネスレ日本

もう一つの事例が、粉末のインスタントコーヒー「ネスカフェ」ブランドで有名なネスレ日本です。同社は、単身世帯の増加などに対応するため、1杯分ずつおいしいコーヒーが淹れられることを売りにしたコーヒーメーカーを開発。09年に発売された「ネスカフェ ゴールドブレンド バリスタ」は、大ヒット商品となりました。

それだけでも大きなチャレンジでしたが、さらに12年には、自社のコーヒーメーカーを無料でオフィスなどに設置する事業に着手（専用のコーヒーカートリッジは有料）。単に瓶詰のインスタントコーヒーを売るのとは明らかに違うビジネスモデルに挑み、成功を収めています。

このケースで活用されたのはコーヒーという事業領域での見識でしょう。つまり、コーヒーのことをほかの誰よりも知り尽くしていることを強みとしたのです。当然、コーヒー業界という事業領域の中にとどまりつつも、マシンの開発、そして無料設置の投資回収型モデルへと、事業の様態を変化させ、横方向に展開したわけです。

すでにお気づきかもしれませんが、縦横いずれかに一歩踏み出す事業展開パターンは、私が提唱する「ズラシ戦略」そのものです。

強みとして活用できる経営資源＝スキル等を含めた自社の本質的なアセットを見つめ直し、振り向ける先をちょっとずらして、新たなビジネスを展開し、新たな顧客をつかまえる。

本書で紹介するケースはどれも、その巧みな実践例です。

新規事業開発スタートの決断は、市場調査より経営者の情熱

個別のケースの詳細については後述しますが、その前に、新規事業の開始から実行段階における大事なポイントをいくつかご紹介したいと思います。

これまで繰り返し、変化の起きている市場を狙え、勝ち馬に乗れと言ってきましたが、市場分析の結果から新規事業成功の〝確信〟を得て、それから始めようとすると、いつまで経っても何もできないという状況に陥ってしまいます。

未来は不透明ですから、どこかの段階で決断し、事業化に向けて動き出すことが必要です。では、決断に際してはどのようなことを意識すべきなのでしょうか。

実は先述したLINEは、運営会社が同時期にスタートさせた3つの新規事業のうちの1つでした。普及しつつあったスマートフォンにユーザーは何を期待しているのかを考え、「ゲーム」「写真」「コミュニケーション」という3つの結論に至ります。そして、それぞれに対して新規事業をスタートさせ、結果的にLINEだけがヒットしたのです。

とはいえ、その当時、スマートフォンユーザーのニーズとして導き出された「ゲーム」「写真」「コミュニケーション」という3つの解は、現在の様子と照らし合わせれば、「写

真」が「動画」へと広がった状況はあるにせよ、非常に的確だったことがわかります。

当然のことながら、**先を見通す力、ビジョン**が重要なのです。

まだガラケーが主流だったころ、あるエレクトロニクスメーカーの依頼を受けてアンケートを実施したことがあります。

その設問は、簡単に言うと「スマートフォンがあったらほしいですか？」というもの。当時の回答の多くは「操作が難しそうだし、別にほしいとは思わない」。にもかかわらず、その10年後には誰もがスマートフォンを当たり前に持っている時代になりました。

市場分析から得られるデータが映し出すのは、現在の姿であり、判断材料の一つにすぎません。「みんなが要らないと言っているからつくるのはやめよう」と短絡的に考えては、その後のスマートフォン市場の急激な拡大に乗り遅れてしまったでしょう。

当時、「みんながスマートフォンをほしがる時代が来る」という先見性を持てたかどうかが、大きな分岐点になったのです。

そもそも百発百中ということはあり得ません。**新規事業を間違いなく成功させようと思うあまり、マーケットリサーチの結果にとらわれすぎてはいけない。**そこから見えてくる未来の姿をイメージし、決断することこそが大切です。

一定のリスクを背負って不確実な未来に賭けることになるため、社内は新規事業に対する賛成派と反対派に分かれがちです。そのとき、「やるぞ」と旗を振るのも、「やめておこう」と踏みとどまるのも、多くの場合は経営者の判断一つにかかっています。

いったん「やる」と決めたなら、決断を下した経営者自身がその事業の成功に対するパッションを貫き通すことも重要です。

以前、こんな話を聞いたことがあります。

2009年夏、のりの佃煮『ごはんですよ!』で知られる桃屋が、『辛そうで辛くない少し辛いラー油』という新商品を世に送り出しました。いわゆる〝食べるラー油〟です。この商品は爆発的にヒットして、一時は生産が追いつかないほどでした。

実はこの商品は、マーケットリサーチの結果から市場性があると判断されて開発されたものではないそうです。同社の小出雄二社長の「食べてみたい! とにかくつくってみよう」という強い思いから生まれた商品だったというのです。

このエピソードは、新規事業というより新商品の開発秘話と呼ぶべきものですが、市場調査がすべてではなく、経営者の熱意があってこそ事業のアイディアが具現化に向けて進展していくという点で、参考になりませんか?

新規事業の成功確率を上げる実行のプロセス

ここぞという領域を見定め、新規事業をスタートさせることが決まったら、次は「どのように実行していくのか」が大きなテーマとなります。

まず言えることは、既存事業とはまったく違う進め方をする必要があるということです。これまで会社の成長を支えてきた既存事業は、言ってみれば、すでに証明されたビジネス。後は、その手法を磨き抜くことで事業のさらなる拡大を図っていくことがベースになります。

新規事業は正反対で、まだ何も証明されていない状態からの出発です。成功するか、失敗するかもわかりません。両者は根本的に異なる性質を持っており、同じ進め方でワークするはずがないのです。

新規事業を進めるうえで重要となるのはサイクルを回していくという考え方です。トライアンドエラーを繰り返し、失敗から学びを得ながら完成度を高めていくことを考えます。

これは、昨今の新規事業の多くがソフトウェアを使っていることとも親和性があります。

実行プロセスにありがちな障壁と成功のポイント

企業の意思決定には**稟議システム**が採用されている場合が多いのですが、それが新規事業の行く手を阻む障壁となってしまうケースがしばしば見受けられます。

稟議システムに沿うと、まず「計画」に対する承認を得て、「準備」の段階で再び承認、そしてようやく「実行」へとたどり着けるイメージです。

このような線型プロセスの大きな問題点は、承認を得た事柄を変えたり否定したりすることが非常に難しいというところにあります。前段階に後戻りすることになれば、また承認を得なければなりませんし、社内に「失敗するのではないか」といった憶測を招くことにもなりかねません。

結果的に、見直すべき箇所をそのままにして、多少の強引さを伴いながら推し進めるしかなくなり、事業の成功確率が下がってしまう危険性が高まります。

そうなることを避けるためにも、いわゆるＰＤＣＡ（Plan→Do→Check→Action）のサイクルプロセスを導入することは重要ですが、今度は**企業の組織構造**が立ちはだかります。

線型的な事業立ち上げプロセス

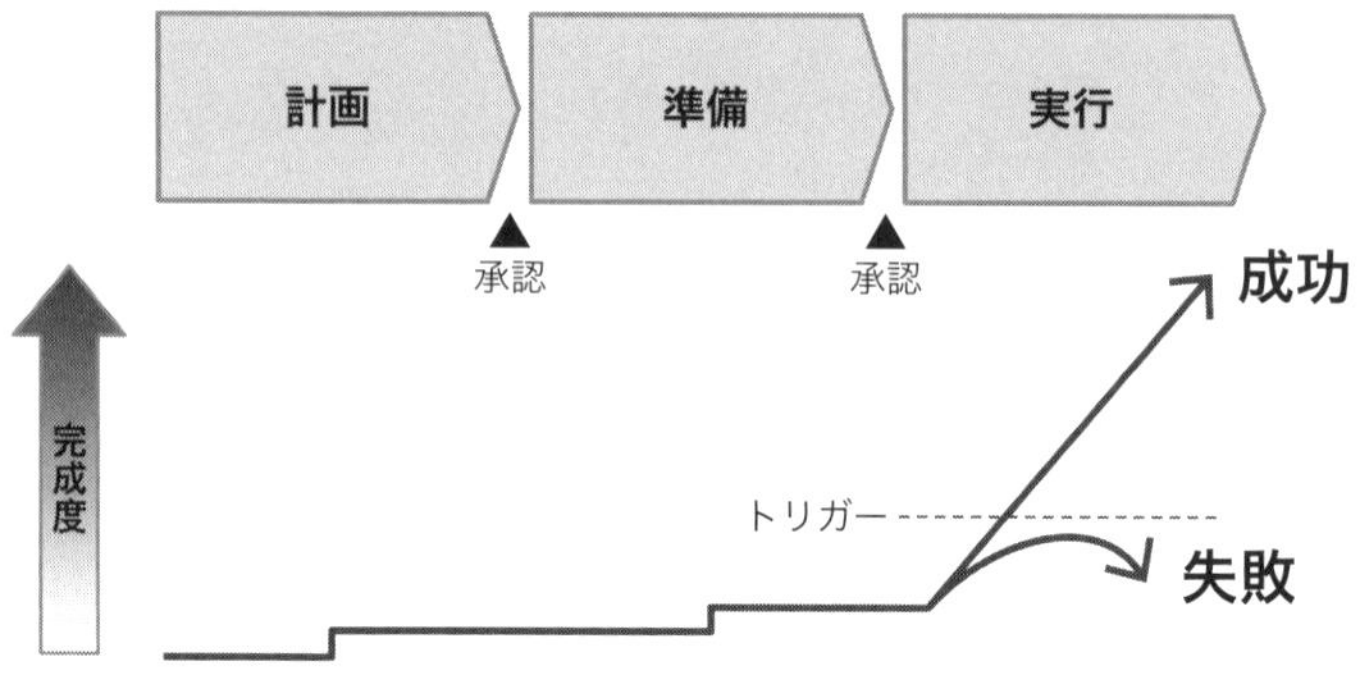

サイクル的な事業立ち上げプロセス

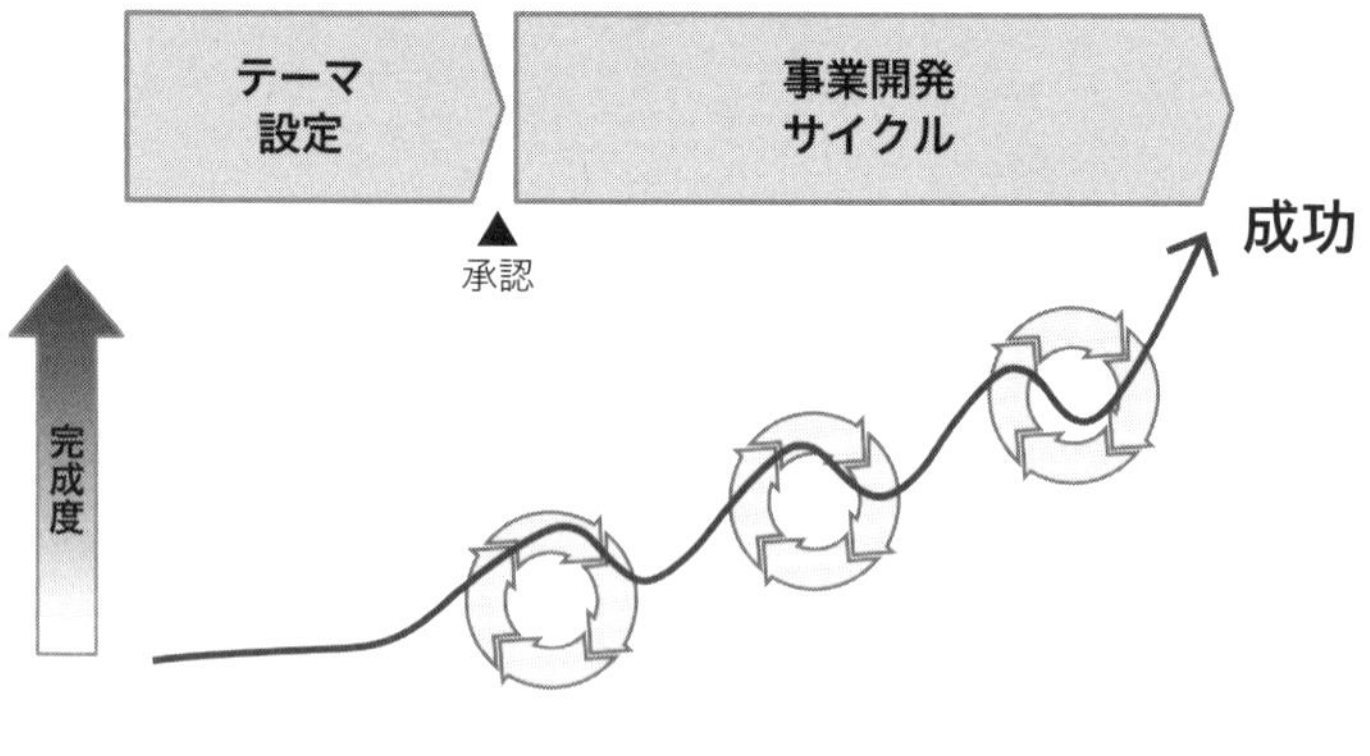

新規事業を担うチームの上に部長や担当役員がいて、さらにその上に役員や社長がいる。**複数の階層**を経て意思決定がなされることで、さまざまな障壁が生まれるのです。

階層が多くなると、細かな状況を把握していない上長の意思決定に時間を要したり、現場で検討を重ねた案が「リスクがある」との理由で経営陣によってゼロにリセットされたり。その結果として事業計画が経営陣の承認を得ることを目的とした〝絵に描いた餅〟になったりと、意思決定がスムーズに進まなくなってしまいます。

新規事業にフィットするのは、そうした間接的意思決定ではなく、直接的意思決定です。つまり、**新規事業チームに思いきって全権を委任し、チームの責任者が最終意思決定者**になるということです。そうすれば、スピーディかつストレスなく動ける体制が確保できます。もちろん、会社として注ぎ込めるリソースには限界がありますから、「ここまでやってもダメだったらあきらめる」という予算などの**撤退ラインをあらかじめ決めておく**のがよいでしょう。

理想は、**経営者自らが新規事業のプロジェクトリーダーになる**ことです。後述するケースの一つ、日本交通のタクシー配車アプリ開発では、川鍋一朗社長自身がプロジェクトリーダ

「事業の芽」をつくるためのサイクル

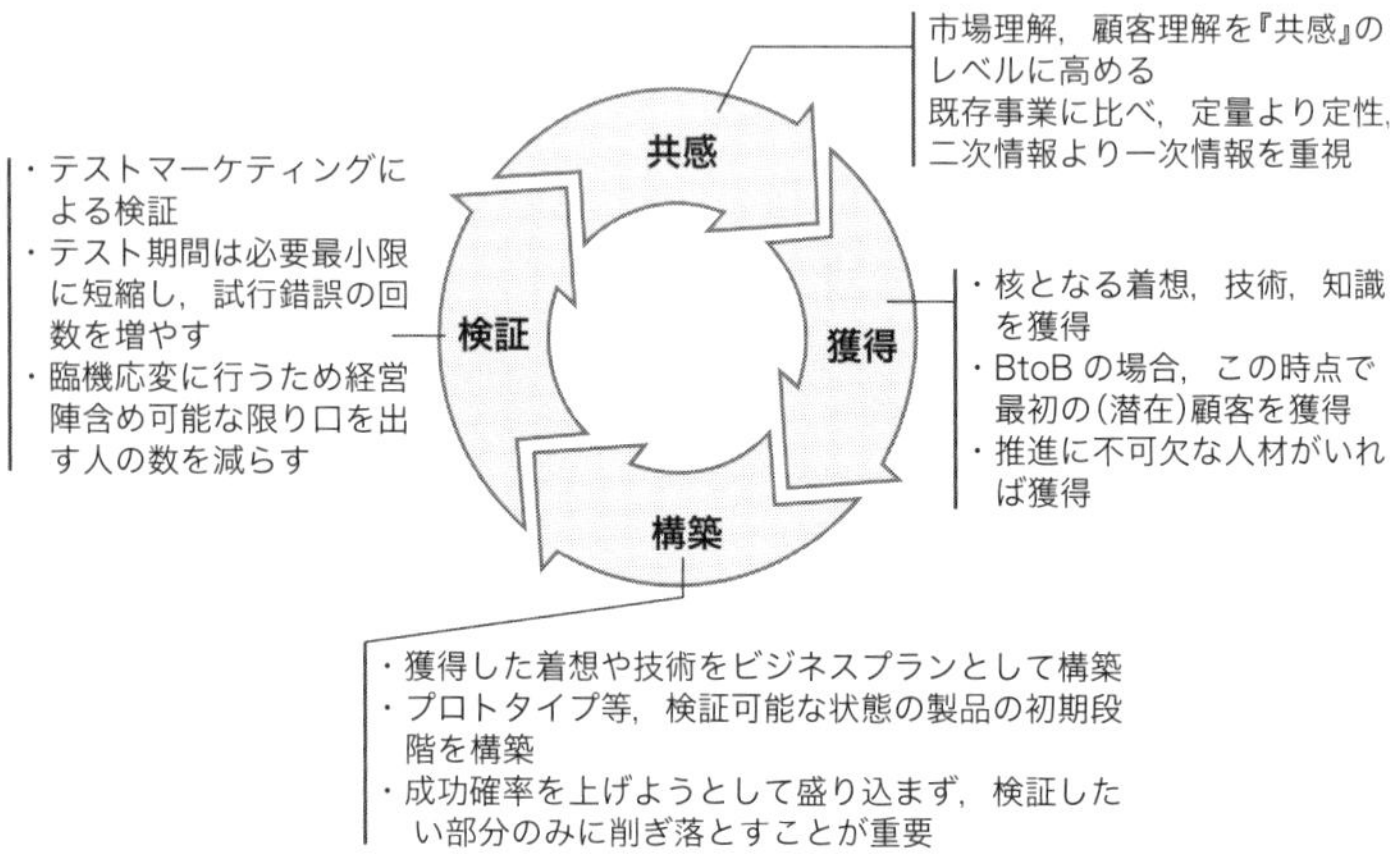

ーを務めました。現場に深い理解があったことや、内製化の判断、実装機能の絞り込み、リリースのタイミングなど、経営者が積極的に関与し、直接的に意思決定したからこそもたらされたメリットは数えきれません。

先を見通すビジョンと決断力。自らが「やる」と決めた事業に対するパッション。あるいはチームに全権を委譲する度量の広さ。経営者の資質やスタンスはやはり、新規事業の成否を決める大きな要因の一つだと言えるでしょう。

＊＊＊

新規事業とは何か。どうすれば成功の確率が高まるのか。その全体像を駆け足で説明してきましたが、次章からは具体的なケースを通して成功のメソッドを探っていきます。

社会環境の変化とともに既存事業に陰りが見えたとしても、自社の強みとなるアセットを見つめ直せば、無謀ではない形で新たな顧客をつかまえることができる。これから紹介する10社の「ズラシ戦略」には、読者それぞれにとって価値あるヒントがきっと隠れているはずです。

第2章

ズラシ戦略をケーススタディしてみよう

CASE1

米レッドソックスの売上を
6倍以上にした「顧客ずらし」とは？

15年間で実に6・6倍！　レッドソックスの成長力

まずは、大リーグでの成功例をもとに、「ズラシ戦略」とは何かをより具体的にご説明することにしましょう。

ご紹介するのは、MLBのボストン・レッドソックスです。松坂大輔投手や上原浩治元投手などが在籍していたこともある、日本人にとっても比較的なじみのある球団だと思います。

レッドソックスを経営の面から見てみると、すさまじい勢いで成長していることがわかります。正確には「レッドソックスを含むグループ（フェンウェイ・スポーツ・グループ＝FSG）」ということになりますが、2001年時点で1億5200万ドルだった売上高は、16年には少なくとも10億ドル近くに達したと見られます（フィールドマネージメント調べ。球団から正式にリリースされた情報ではなく、各種報道等から推定）。

単純化するため、1ドル＝110円で換算（以下同）すると、167億円から1100億円。15年間で実に6・6倍に増えた計算です。さらに18年には、1200億円ほどまで伸びていると見られます。

外から見る限り、その過程で大きな役割を果たしたのは「ズラシ戦略」だったのではないかと思います。

野球の興行を主たる事業とする球団が劇的に売上を伸ばす。その理由を何の手がかりもなく想像すると、「野球」を活用した新規ビジネスに取り組み、それが成功したのだろうと考えられます。たとえば、レッドソックスプロデュースのグローブやバットをつくって売り始めたのではないか、と。

しかし、材料となる革や木材を調達し、高い品質で商品化し、小売店との良好な関係性を築き、在庫管理を効率化して、顧客の声を新商品の開発にフィードバックする、といったメーカー的なスキルは球団にはありません。グッズを外注で用意する程度のことなら理解できますが、それだけで900億円以上の売上を積み増し、6倍以上にすることは難しいでしょう。一朝一夕に、ナイキやアディダスといった世界的ブランドに対抗できるはずもありません。

FSGは、たしかに事業の多角化によって急成長を果たしましたが、あくまで**「自分の持ちもの」を洗い出すところからスタートした**のだと思います。

07年にストックカーレース『NASCAR』の『Roush』の株を50％取得したのに続き、11年にはサッカー・英プレミアリーグのリバプールを買収して完全子会社化しています。売上規模はRoushが100～140億円、リバプールが300億円前後です。

これは日本の自動車メーカーが欧州で自動車メーカーを買収するような〝横展開〟にすぎないのですが、FSGはそこに、すなわち、レーシングチームや海外のサッカークラブに、大リーグで培ってきた「興行主」としてのスキルを持ち込んだのです。

つまり、毎試合3万7000人もの観客でスタンドをいっぱいにし、安全に楽しい時間を提供するという、**レッドソックスが持っている「イベントマネジメント」のノウハウに着目**したのです。

FSGの知恵、つまり彼らの「ズラシ戦略」はここから始まります。

イベントマネジメントのスキルが「本質的なアセット」だった

レッドソックスが持っている「イベントマネジメント」のノウハウとは、会場を押さえ、告知活動を行い、チケットを販売し、会場の演出を設計し、イベント当日の安全な会場運営を行い、グッズを用意して販売し、ファンクラブ組織をつくり、次回の来場を促す、といったスキルに分解できます。それこそまさに、公式戦だけでも年間80試合の開催・運営を長さにわたって重ねてきたレッドソックスの持つ「本質的なアセット（資産）」の一つでした。

ＦＳＧはやがて、これは野球や他のスポーツの試合を滞りなく運営できるというだけでなく、音楽業界にも使えるスキルだと気づきました。そしてボストン近郊で行われる音楽イベント、ライブ・コンサートなどのイベントマネジメントを事業として立ち上げたのです。「ボストンでイベントをするならレッドソックスに任せてくれ」と。

さらに、本拠地フェンウェイ・パークの看板広告をスポンサーでいっぱいにしてきた実績に基づいて広告代理業にも進出。営業力を生かしてＰＧＡツアーの冠スポンサーを獲得したり、ＭＬＢのリーグビジネスを担う要とも言えるＭＬＢアドバンストメディアの代理店を務めるまでになりました。

また、ボストンで最も好感度が高く、ブランディングにも長けているという自社の強みに着目して他社のＰＲを請け負うようにもなりました。その主なクライアントには、携帯電話最大手『Verizon Wireless』やＬＣＣの『Jetblue Airways』、世界に６０００店を展開するドーナツ・チェーン「Dunkin' Donuts」など全国区の一流企業のほか、NFLの強豪グリーンベイ・パッカーズなどがあります。これらのビジネスは、グループの「フェンウェイ・スポーツ・マネジメント」という会社で事業化されました。

さらにさらに、FSGは選手のマネジメント業務にも手を広げます。

レッドソックスは資金力のあるニューヨーク・ヤンキースと同地区に属しており、ヤンキースよりも少ない資金で互角に渡り合うため、年俸のコントロール（査定・交渉）や、選手のマネジメントに関する知見を蓄えてきました。そして実際に、ヤンキースを抑えてのリーグ優勝やワールドシリーズ優勝という結果も残してきました。

その選手管理ノウハウや、年俸をコントロールするノウハウは、逆説的に考えると、「どういう交渉をすれば、選手はチームからより多くの年俸を引き出せるか」が手に取るようにわかるということです。MLBの外で、つまり野球以外のスポーツでなら、選手の代理人としてより多くの年俸をチームから獲得するお手伝いができる。FSGは、そう考えました。

結果として、11年、NBAきってのスーパースターであるクリーブランド・キャバリアーズ（当時）のレブロン・ジェームズ選手とマネジメント契約を結ぶことに成功します。11—

12シーズンは16億円だった彼の年俸は、5年後には34億円にまで跳ね上がりました。また、広告起用やメディア出演などコート外のマネジメント面でも万全のサポートを受けています。

同じ人員が、同じスキルで、異なる顧客に、サービスを提供

こうして業務拡大を推し進めてきた数年間、FSG本社の社員数は、30名程度から40名程度へ若干増えただけだと推測されます。同じ人員が、同じスキルを使って、異なる顧客にサービスを提供している。まさに「ズラシ戦略」が実行されていることの裏づけであるように思います。

あなたの会社も、表面的には「＊＊をつくっている会社」なのかもしれませんが、**その裏にあるコアなスキルとは何だろうか**と、ぜひ一度、考えを巡らせてみてください。そのスキルや資産は、いまの事業だけではなく、ちょっと形の違う事業に意外なほど簡単に応用でき、その新たな市場では驚くほどの競争力があるかもしれません。

そして、いまの頭打ちの市場とは別の市場で新しい顧客をつかまえ、会社の成長を実現できるかもしれません。

ボストン・レッドソックスのズラシ戦略

アセット1——興行主としてのイベントマネジメントスキル

●レッドソックスの主催試合の開催・運営

どうずらしたか ◀◀◀

◆レーシングチームやサッカークラブの興行運営／ボストン近郊での音楽イベントの開催・運営

アセット2——広告代理店機能・営業力

●本拠地フェンウェイ・パークの看板広告営業

どうずらしたか ◀◀◀

◆PGAツアーの冠スポンサー獲得／MLBアドバンストメディアの代理店に

アセット3｜PR・ブランディングスキル

どうずらしたか

●ボストンにおけるレッドソックス自体のブランド醸成

◀◀◀

◆全国区の大手企業などのPR代理店に

アセット4｜選手マネジメントスキル

どうずらしたか

●自チーム所属選手に対する査定や交渉

◀◀◀

◆MLB以外の競技アスリートのマネジメント

KEY POINT

自社を「野球の会社」と決めつけず、他競技やスポーツ以外にも目を向けた発想の柔軟性

CASE2

エイベックスが花火大会や
ラーメン女子博で見せる「顧客ずらし」の妙

スキル等を含めた自社の本質的なアセット（資産）を見つめ直し、新たなビジネスを展開して、これまでとは異なる顧客をつかまえる——。

次のケースとして、弊社フィールドマネージメントのクライアントの一つでもある身近な企業を取り上げて、より具体的に考察してみたいと思います。

その企業とは、エイベックス・グループ。同社は、浜崎あゆみなど人気アーティストを多数抱える音楽事業や、『ULTRA』『a-nation』などのライブ事業、そのほかデジタル事業やアニメ事業、さらにベンチャーキャピタル事業などを多角的に展開しています。１６００億円超の売上（２０１８年3月期・連結）を誇る、言わずと知れたエンターテインメント業界の雄です。

エイベックスのどこに「ズラシ戦略」があるのでしょうか？

エイベックス本体がマネジメント機能を持つ意味

同社の創業は、１９８８年。レコード輸入卸業として出発しました。洋楽のダンスミュージックを日本に紹介し、90年代のディスコブームに乗って業績を伸ばしていきました。

転機となったのがｔｒｆ（現ＴＲＦ）のデビューでした。音楽を輸入販売するというレコード会社の立ち位置から、エイベックスらしさを体現する日本人アーティストを自ら売り出す領域へと踏み出していったのです。

そのデビュー時にプロデューサーとなったのが小室哲哉氏でした。小室氏はｔｒｆに続いてｇｌｏｂｅ、華原朋美、安室奈美恵などを次々とプロデュースしてヒット作を連発します。

ここで留意しなければならないのは、エイベックスはもともとレコード輸入卸業からレコード会社へ転身したため、マネジメント機能は持っていなかったことです。ｔｒｆが世の中に出た後、１００％子会社の芸能事務所「ホワイトアトラス」を設立。マネジメントを担当しました。また、外部のプロダクションに所属しているアーティストがエイベックスのレーベルでＣＤを出すというケースもありました。

こうして、ヒットメーカーとしての地位を確立したエイベックスは、自らの中にマネジメント機能を持つことを選択します。

これについて、エイベックスの代表取締役社長ＣＯＯ、黒岩克巳氏は語ります。

「レーベルとしてのプラットフォームを提供することでエイベックスが儲かり、外のプロダクションの利益にもなるという図式だったものが、内にプロダクションを持つことによって、360度、全部とれる。それによって収益率が非常に高くなる。これが2000年初頭までのビジネスモデルだったんです。当時、他社はどこも（レーベルとマネジメントが）セパレートされているのが主流。両方あるというビジネスモデルは、エイベックスが日本においては先駆けだったのではないでしょうか」

他社のレーベルやプロダクションをも顧客に

しかし、このころから、音楽を取り巻く時代環境が大きく変化します。IT化の進展により、ネットを通じて無料で音楽を楽しむことができるようになり、CDが売れない時代へと移行し始めていったのです。

黒岩氏によると、こうした音楽視聴環境の変化は逆説的にライブ（生）への欲求を高めたと言います。

「デジタル上で、タダで聴けたり、見られてしまうからこそ、生で聴きたい・見たいという心理が働くようになりました。いままで経済圏の中心だった『CDを買う』というところを飛び越えて、ライブへと需要が移ったんです」

エイベックスは外注していたライブ事業を自前化し、レーベル、マネジメントとの三本柱を形成。ライブのノウハウを積み重ねていくなかで、一つの気づきを得ます。

「これって、他社所属アーティストのライブもできるよね」と。

このとき、ある種の「顧客ずらし」があったと言えるでしょう。ライブを企画して、個人の顧客からチケット収益などを得ていたのが従前のビジネスモデル。数々のライブ実績を重ねた後は、そのノウハウの蓄積が同社のアセットなのだと認識し、他社のレーベルやプロダクションをも顧客とする道に打って出たわけです。

「エイベックスという会社がマネジメントから始まっていたら、こういう考え方にはならなかった」と黒岩氏は言います。

「レーベルというのはプラットフォームを提供する〝機能軸〟。ライブも同じで、外に提供しても生かされていくノウハウです。概念としてはレーベルに合わせていったということ。当社の歩みを考えると、必然だったように思います」

音楽とは関わりのない新たな市場を開拓

機能軸（レーベル）でスタートし、マネジメントに領域を広げ、再び機能軸（ライブ）を追加したエイベックス。実は同社が見据える今後のビジネスにおいてこそ、まさに「ズラシ戦略」がとられようとしています。

「第4の柱をつくらなくちゃいけない。それは何なのかというと、大きいくくりでいくと、やっぱり〝ライフスタイル〟というところに入ってくるのかなと思っています」（黒岩氏）

音楽そのものを売り物にするのではなく、同社が有するアセットを活用して、人々の生活により密着した事業を展開できないか——。

17年5月の初開催以降、毎年行われている未来型花火エンターテインメント「STAR ISLAND」は、その一例と言えるものでしょう。世界初の3Dサウンドシステムやライティングなどの演出を駆使した〝花火大会〟の特筆すべき点は、エイベックスが仕掛けたイベントでありながら、歌手やバンドなどのアーティストがまったく出演しないことです。

そのほかにも、女性のためのラーメンイベント「ラーメン女子博」や、人気漫画『ONE PIECE』の世界観を楽しみながら走る「ONE PIECE RUN」などを開催。フェスなどで培った「音楽やテクノロジーを駆使しながら何万人もの人を集めて楽しませる」というノウハウを活用して、もはや音楽とは関わりのない、あるいは関わりの薄い新たな市場を開拓しようとしています。

黒岩氏は言います。

「音楽会社がそんなことをしなくてもいいんじゃないかと言う人も以前はいました。けれども、音楽会社でありながら、エンターテインメント会社でもあるわけです。音楽もあれば、スポーツもあれば、BtoBの展示会みたいなものもある。いろんな領域があると思うので、そこは広げていきたいですよね」

エイベックスでさえも、主要な収入源だったCDが売れなくなるという時代環境のなかで、レーベルやマネジメントだけに特化していたら衰退は免れなかったかもしれません。にもかかわらず、ここまで成長できたのは、まさに「ズラシ戦略」があったからなのです。

もちろん、事業形態の変革や強化、その選択には決意と努力が不可欠ですが、持っているアセットやスキルで新たな顧客を獲得するこの手法は、決して無謀な賭けなどではなく、実は堅実な成長の仕方だということがおわかりいただけるでしょうか。

エイベックスのズラシ戦略

アセット ― **ライブの興行スキル**

どうずらしたか①

● 自社所属アーティストのライブ

◀◀◀ ◆ **他社所属アーティストのライブ**

どうずらしたか②

● 音楽ライブイベントの興行

◀◀◀ ◆ **音楽以外の大規模イベントの興行**

KEY POINT

ライブ事業を他社・多分野に展開可能な「スキル（機能）」としてとらえたこと

CASE3

「モンスト」のヒットが
SNSの『mixi』から生まれた必然的な理由

「スキル等を含めた自社の本質的なアセット（資産）」を見つめ直し、振り向ける先をちょっと「ずらす」だけで、新しい顧客を獲得できる――これからご紹介する株式会社ミクシィのスマホアプリ『モンスターストライク』にも、巧みな「ズラシ戦略」がありました。

説明するまでもなく、ミクシィは２００４年にソーシャル・ネットワーキング・サービス『mixi』を世に送り出し、日本におけるＳＮＳの先駆け的存在となりました。しかし、当初、利用者数は順調に増えていくも、08年に日本語版を開設したFacebookをはじめとする多様なＳＮＳの普及、またスマホ対応への遅れなどが要因となって、勢いが衰えていった面は否めません。

そうしたなか、13年10月に発表されたのがスマホアプリ『モンスターストライク』（以下モンスト）でした。ここにこそ、ミクシィのズラシ戦略があったのです。

いかにして、顧客をずらす、その戦略が生まれたのか？

同社が設立したバトルエンターテインメントの企画制作を担うＸＦＬＡＧスタジオの総監督を務めた、まさにモンストの〝生みの親〟、ミクシィ社長の木村弘毅氏にその経緯を聞きました。

モンストのとった戦略

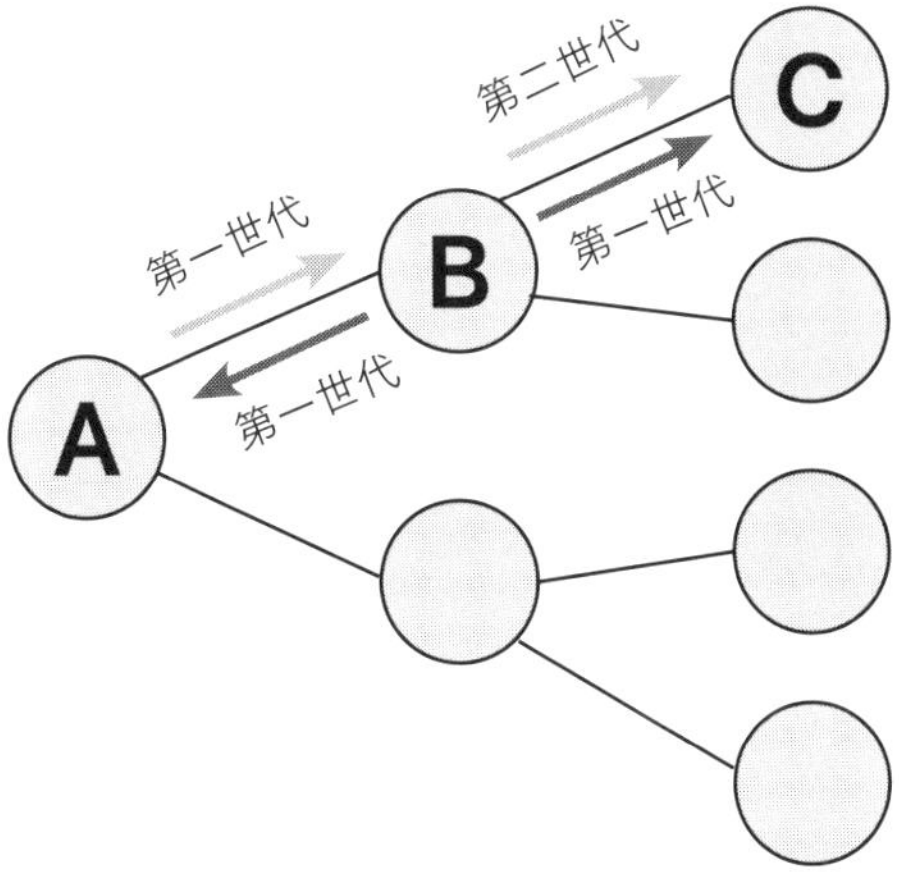

ソーシャルグラフを使ったバイラルマーケティングが強み

携帯コンテンツ会社に勤務していたころにmixiの存在を知って衝撃を受けたという木村氏は08年、ミクシィに入社。ゲーム部門の担当となりました。

「mixi（SNS）→モンスト（ゲーム）」のどこが「ズラシ戦略」だというのでしょうか。

木村氏は言います。

「基本的なぼくたちの強みは何かというと、ソーシャルグラフを使ったバイラル（＝口コミ）マーケティングなんです」

ソーシャルグラフとは、人と人を線で結んで、それぞれの関係性を表すものです。その線を伝わっていく情報、つまり**口コミをマーケティングに活用することが、mixi を通して培われた同社の最大のアセット**なのです。

ただし、一般論として、ソーシャルグラフを使ったバイラルマーケティングには難点があります。AさんとBさんが直接知り合いである場合、Aさんの発信する情報はBさんにとって信頼性の高いものですが、Bさんの知り合いである（Aさんの直接の知り合いではない）Cさんに伝わる段階で、その信頼性は著しく低下してしまうのです。

「自分自身（A）を起点に、直接つながっている人（B）を『第一世代』、その人がつながっている人（C）を『第二世代』と呼びます。たしかに、第二世代の人間関係になったときに急激に距離感が出る。ただ、Bを起点とすれば、Cも第一世代ですよね。つまり、情報の熱量を劣化させずに伝播することはできるはずなんです」

実は mixi 自体が、その理論を体現していました。ある人が「mixi っていうおもしろいサイトがあるよ」と友人に勧める。友人もまた mixi の楽しさを知り、別の友人に「これ、おもしろいからやってみなよ」と勧める……。この連鎖によってmixiは、若者を中心にあっという間に浸透していったのです。

「見事に指数関数グラフを描いて広がっていきました。おそらく、他のSNSも似たような推移で伸びていると思います。じゃあゲームをどう流行らせようかというときに、同じように『絶対に第一世代からの口コミで広げていくべき』と考えたわけです」

実際に会って遊ぶというスタイルのゲームにすればいい

この発想は、大多数のオンラインゲームとは根本から異なるアプローチだったと言えます。一般的にオンラインゲームは、事前のプロモーションなどに力を注いで初期のユーザーを一気に集めるため、グラフにすると、垂直立ち上げの後、グライダーのように漸減していくケースが多く見られます(次のページの図参照)。しかし、木村氏率いるモンスト開発チームは、当初から「そういうグラフをつくったら負けだ」という考えを共有していたのです。

どうすれば第一世代からの口コミでゲームを伝播・流行させることができるのか?

行き着いた答えはシンプルでした。

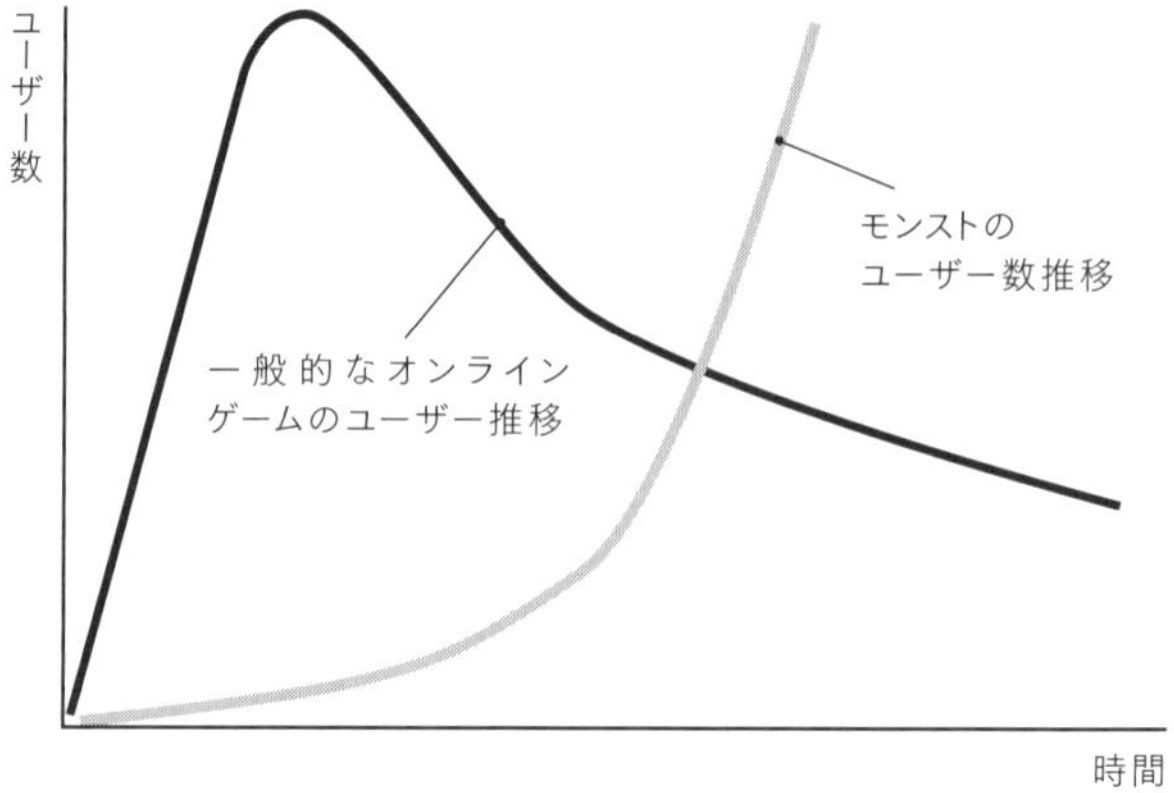

「実際に会って遊ぶ。そういうスタイルのゲームにすれば、集まるのはおのずと第一世代の人になるわけですから、どんどん広がるに違いないと」（木村氏）

こうして、「携帯端末を持ち寄り、最大4人までが同時に遊べる」という特徴を持ったモンストが開発されるに至りました。

戦略は的中します。リリース当初の月商は1000万円程度でしたが、おおむね7倍ペースで推移。16年の実績で言うと、およそ月商150億円前後をコンスタントにたたき出す、まさにモンスター級のゲームとなったのです。

モンストは、それまでのmixiを利用していたのとは違う顧客を開拓し、mixiと同じように、月を追うごとにユーザー数が飛躍的に伸びていく指数関数グラフを描いていきました。

あなたが属する企業や組織の〝秘伝のタレ〟とは何なのか

「ぼくたちは、バイラルを含めたマーケティングを、得意技、スキル、あるいはケイパビリティとして持っている軍団だと思っている。たとえばCMをとってみても、他社の多くがインストールを訴求している一方で、ぼくらはバイラルが広がっていくためのネタになるものを重視しています。

『お仏壇のはせがわ』を模したCMもその一つ。要は、ひとりで遊んでもらってもバイラルは広がっていかないので、友達とワイワイ盛り上がる、そういう人たちを取り込んでいく戦略です。

最初は『流行に乗っかって、外からゲームプロデューサーを連れてきたんでしょ』とか、不連続な新規事業がたまたま当たったんだろうという見方もされましたが、こういう部分は、mixiからの〝ずらし〟と言えると思います。いわば、うちの〝秘伝のタレ〟をうまく使った事業ですから」（木村氏）

そもそも、ミクシィという会社自体に、コミュニケーションによって楽しい時間を生み出していくという理念があり、それが〝対面型〟という特徴を持ったモンストの開発につながったとも言えます。相手の顔が見えにくいインターネット社会においても、人と人の直接的なコミュニケーションを大切にしようという根底の理念が、mixi、そしてモンストを生み出していったのです。

まさしく**自社の本質的なアセットに基づいて、新たなビジネスを編み出し、新たな顧客層をつかみ取った**「ズラシ戦略」の好例だと言えるでしょう。

ミクシィは18年度の決算で3年連続の減収減益となり、「モンスト頼み」との声も聞かれるようになってきました。

木村氏の言う〝秘伝のタレ〟をどのように使って、mixi、そしてモンストに続くヒットを生み出すのか。新たな〝ずらし〟の手腕に注目していきたいと思います。

ミクシィのズラシ戦略

アセット
ソーシャルグラフを使ったバイラル（口コミ）マーケティング

どうずらしたか

●「mixi」のユーザー数拡大
◀◀◀
◆**「モンスト」のユーザー数拡大**

KEY POINT

「実際に会って遊ぶ」対面型ゲームを戦略的に開発したこと

CASE4

横浜DeNAベイスターズは
「野球を見せる」から離れたことで黒字化した

日本で最も人気のあるプロスポーツと言えば、やはりプロ野球ということになるでしょう。しかしそのプロ野球でさえ、しっかりと黒字経営ができている球団はほんの一握りだと言われています。

そうしたなか、ここ数年で業績を劇的に向上させた球団が横浜ＤｅＮＡベイスターズです。

ベイスターズもかつては毎年大きな赤字を出していました。ところが、２０１１年オフにＴＢＳからＤｅＮＡへと経営権が譲渡されて以降、業績は右肩上がりで推移。ＴＢＳ傘下の最終年度に当たる11年度は売上52億円に対して赤字が24億円という状況でしたが、新体制５年目の16年には売上が１００億円を超え、ついに黒字化を達成したのです。

そのプロセスにおいて、何らかの「顧客ずらし」があったのではないか？

横浜ＤｅＮＡベイスターズの初代社長として、11年から約5年間にわたって球団経営の舵取り役を担った池田純氏に聞いてみました。

「野球を見せてやる」ではなく、野球は〝つまみ〟でいい

池田氏は、ベイスターズの経営を始めた当初のことをこう振り返ります。

「球団の中には、極端な言い方をすると『野球を見せてやるんだ』といった考え方の人もいたように思います。5000円のチケットを3000円に割引して、『これでプロ野球が見られるなんて安いでしょ？』と。でも球場はガラガラでしたから、その考え方はちょっと違うんじゃないか、と私は感じていました」

当時のベイスターズは、自社の顧客を「野球が好きな人」「ベイスターズが好きな人」というふうにとらえていたのかもしれません。しかし、最下位続きだったこともあって人気は低迷し、横浜スタジアムへ行って、お金を払ってでもベイスターズの試合を観戦したいという層はめっきり減ってしまった。それが大きな赤字を出し続けていた理由だと考えられます。

池田氏はまず、**ターゲットとすべき層をまったく異なる観点でとらえ直しました。**

「横浜市の人口は約370万人、神奈川県で考えればざっくり1000万人もいる。プロ野球はフランチャイズ制ですから、神奈川県下の1000万人が球団のマーケットだと考えました。『野球を見せてやる』ではなくて『野球は〝つまみ〟でいい』。みんなで肩を組んで歌うカラオケやでっかい居酒屋のような感覚で、1000万人全員にスタジアムまで来てもらうようなビジネスに変えればいいんだ、と。野球を軽視するな、といったご批判も少なからずありましたが……」

それでも池田氏には確信があったと言います。

「いま、時代は顧客ビジネスなんです。大きなマーケットの中でどれだけを顧客にできるかが最初の勝負。そして次のステップとして、その人たちを囲い込んでいく。ベイスターズでは、野球をメイン商品に据えるのではなく、『神奈川・横浜の人たち』と『プロ野球・ベイスターズ』との接点をできるだけ多くつくることを意識しました。

たとえばグッズ。これは広島カープの松田元オーナーに教えていただいたことなんですが、『Tシャツはお客さんとのコミュニケーションだよ』と。ある選手が記録を達成したら、それをすぐTシャツにして販売する。ビールもそうです。球団オリジナルビールをつくって、ビールをメインにした広告を横浜の街中に展開する。

そうやって、必ずしも野球に興味がない人にも伝わるような接点を数多く用意して、スタジアムに来れば楽しく時間が過ごせるんだ、ということを積極的に訴求していきました」

新生ベイスターズが推し進めた施策の一つが、「コミュニティボールパーク化構想」と題した一連の取り組みでした。

本拠地の横浜スタジアムを、試合観戦のための場所ではなく、仲間や家族と集い、コミュニケーションを深めるための場所と定義し直して、広告コミュニケーション活動を展開。BOXシートの設置などハード面の改修を行ったり、イニング間を〝トイレタイム〟にしないことを目指して楽しいイベントを用意したりと、野球に興味がない人でも楽しめる空間になるようさまざまな工夫を凝らしたのです。横浜スタジアムの外側、横浜公園の芝生エリアに、ビアガーデン「ハマスタBayガーデン」を設けたのもその一つ。

やがて、「試合には負けたけど楽しかった!」との口コミがじわじわと広がっていき、かつては人影の少なかったスタジアムが、その周辺も含めて多くの人で賑わうようになりました。

15年には、神奈川県内の子どもたち72万人にベイスターズのキャップを無料配布するという大胆な施策も行うなど、神奈川・横浜に暮らす人々にとってのベイスターズの存在は年を追うごとに大きくなっています。

こうして、横浜スタジアムの観客動員数は110万人(11年)から、DeNA体制3年目の14年には150万人を突破、さらに球団史上最多の194万人（16年）まで飛躍的に増えていったのです。

本業のコンセプトを定義し直し、新たな顧客をつかまえた好例

本書で私が提唱している「ズラシ戦略」の定義は、「企業が持つ本質的なアセット（資産）を生かして、新たなビジネスを展開し、これまでとは異なる顧客をつかまえること」です。

ベイスターズの場合、日本に12しかないプロ野球の一つであり、その中でも横浜という大都市をフランチャイズとし、駅から至近の場所にスタジアムがあるという、この上ないアセットをもともと持っていました。ただ、「野球を見せる」というコンセプトに固執していたがゆえに、それをきちんと生かせていなかったのです。

ベイスターズは、営む主事業（プロ野球の興行）のコンセプトを見つめ直して、振り向ける先をずらし、そうすることで、これまでとは異なる顧客をつかまえることに成功しました。これも「ズラシ戦略」の一形態です。

かつてプロ野球（セ・リーグ）のビジネスモデルは、ジャイアンツ戦を中心とした放映権料

収入によって支えられていました。放送局を顧客とするB to Bビジネスであり、球団は中継を通じて1000万人の視聴者を楽しませていたわけです。経営を始めた当初に池田氏が感じとった「野球を見せてやる」といった球団内の空気も、そうしたテレビ時代の名残りだったのかもしれません。

しかし、時代は変わり、昔のような高視聴率がとれなくなったプロ野球中継は、地上波放送からほとんど消滅してしまいました。多くの球団が苦しい経営を強いられるようになったのも、放映権料収入の減少が一因となっていることは想像に難くありません。

日本のプロ野球の原点は、本業の「販促ツール」だった

前述のとおり、池田氏は同じ1000万人でも、テレビの先の1000万人ではなく、スタジアムの周りにいる、よりリアルな1000万人に視線をずらしました。プロ野球ビジネスの原点とも言える、興行を核としたB to Cのスタジアムビジネスに舵を切ったのです。そして、「接点」を多く用意することで、顧客の取り込みと囲い込みに成功したのです。

原点回帰のようにも見える〝ずらし〟ですが、実はそうとも言いきれません。日本のプロ

野球は原点にまで遡ると、BtoCの興行ビジネスとして出発したというよりも、新聞購読者や鉄道利用者を増やすための販促ツールとして位置づけられていた面もあるからです。つまり、池田氏の主導のもとで行われたベイスターズの経営改革は、原点に戻ったのではなく、プロ野球としてのより本質的なエンターテインメントビジネスへの転換でした。

「最初、スタジアムはガラガラで、横浜の人たちにも人気がないし、地元の経済界を回っても、『ベイスターズにお金なんて出さないよ』と言われることばかりでした。そのとき思ったんです。（横浜スタジアムのスタンドを）埋めればいいんだって。ひっくり返せばいいだけだって。もう埋まってるものをさらに伸ばすのは難しいけど、これはいけるなって思いましたね」

ガラガラのスタジアムが池田氏には輝くチャンスの塊に見えたという、このエピソードは示唆に富んでいます。

顧客離れが進み、経営に行き詰まっている企業ほど、目の前のチャンスに気づいていないのかもしれません。コンセプトをずらして顧客の獲得に成功したベイスターズの事例は、業種にかかわらず、苦境脱出の大きなヒントになり得るものと思います。

横浜DeNAベイスターズのズラシ戦略

アセット

日本に12球団しかないプロ野球チームの一つであること。大都市・横浜をフランチャイズとしていること。駅から至近にスタジアムがある利便性。

どうずらしたか①

コンセプト

●「野球を見せる」 ◀◀◀ ◆**「野球は〝つまみ〟でいい」**

どうずらしたか②

ターゲット

●テレビ視聴者 ◀◀◀ ◆**神奈川県に暮らすすべての人たち**

KEY POINT

そもそも持っているアセットの価値は極めて高い。コンセプトを緩め、より広範なターゲットにその価値を行き渡らせたマーケティング戦略

CASE5

同業他社は顧客になると気づいた
タクシー**日本交通**の慧眼

ビジネスの形態として極めてシンプルで、かつ規制も多いタクシー業界で、新規事業によって業績を拡大させていくことは容易ではありません。しかし、タクシー会社の顧客は、実は「乗る人」だけではなかったのです。ＢtoＣからＢtoＢへの「顧客ずらし」に成功した「ズラシ戦略」の事例をご紹介したいと思います。

日本初のタクシー配車アプリを開発。「海外展開していたらＵｂｅｒになってたかも」

その会社は、日本交通。グループ車両台数約７０００台を誇る、都内最大手のタクシー会社です。

同社の3代目経営者、川鍋一朗氏（現代表取締役会長）が新たなビジネスの可能性に気づいたのは、２０１１年のことでした。業界の先頭を切って、スマホからタクシーが呼べる配車アプリの開発に着手、同年1月に『日本交通タクシー配車』としてリリースします。

川鍋氏は反響の大きさに驚いたと言います。

「すぐにツイッターを通して拡散していきました。そのころは東京限定のサービスでしたが、地方のお客様や海外からも、『私の住んでいるところにも対応してほしい』という声をたくさんいただいた。そこで私がピンと来て海外展開しておけば、いまごろはうちがUberになってたかもしれないんですけどね（笑）。そんなとき、あるタクシー事業者から問い合わせの電話があったんです。『このアプリ、ソースコードごと売ってくれないか』と。1000万円払う、と言われました」

目の前の大金に一瞬は目がくらんだ川鍋氏でしたが、売却することはなく、開発担当者の助言を受けてクラウド化に踏みきります。そして11年12月、全国版アプリ『全国タクシー配車』（現『JapanTaxi』）がリリースされることになりました。全国のタクシー会社がサービスに加入し、このアプリを通して1台配車されるごとに数十円が、アプリを運営する子会社へと入る仕組みになっています。

「振り返ってみれば、これがBtoB、同業者を顧客とするビジネスを始めた最初の事例だったということになりますね。なるほど、こういうやり方もあるんだな、と。同業者の悩みは我々がいちばんよくわかっているわけです。それを解決するお手伝いをしていけば、ものすごく大きなビジネスになるかもしれない。そう思い当たりました」

同業者向けのビジネス、ドライブレコーダーで成功

ここからの同社の展開はしかし、「企業がもともと持っているスキルを活用する」という「ズラシ戦略」のセオリーとは正反対のものでした。

同業者にニーズのあるものとして川鍋氏が目をつけたのは、ドライブレコーダー。タクシー会社がスキルを持っているはずのない〝ハードウェアの開発〟に乗り出したのです。

「どういうものがいくらでほしいか。いくらだったら誰に売れるのか。それはすごくよくわかってましたから。協力してくれるベンチャーを見つけ出して、オリジナルのドライブレコーダーをつくりました」

ところが〝1号機〟はコストを追求した結果、耐久性が犠牲となり、「大失敗」(川鍋氏)。やはり製造ノウハウがなかったことがつまずきの原因でした。

違う相手と組み直し、試行錯誤の末に〝2号機〟が完成したのは1年後。前作の反省点を踏まえたドライブレコーダーは、機能性と価格的優位性から評判となり、同業他社がこぞっ

て買ってくれるようになったと言います。

〝同業者ビジネス〟でひとつの成功を収めた川鍋氏は、さらに次のステップへと歩みを進めます。ターゲットに据えたのは、タクシーに搭載されている決済機です。

現金に加え、クレジットカードや交通系ICカードなどでの支払いが主流となってきましたが、より多様で便利な決済手段を提供するべく、新たなタブレット型決済端末を自社で開発することにしたのです。

タクシー会社の枠を超え、ソフトウェア開発を内製化

そうなると今度は、〝ソフトウェア開発〟のスキルを身につけなければなりません。川鍋氏は2015年、IT部門を担うJapan Taxi株式会社を立ち上げ（もともとあった「日交データサービス」を社名変更）、代表取締役社長として、日本交通グループの中核企業とすべく力を注ぎます。

ソフトウェア開発を内製化したことで、日本交通はもはや〝普通のタクシー会社〟ではなくなった、と言えるでしょう。

到着前に支払い手続きができる『Japan Taxi Wallet』や、中国発の決済サービスである『Alipay』『WeChatPay』などのＱＲコード決済が利用可能なタブレットの〝1号機〟は2016年に完成します。まずは日本交通のタクシーに搭載されました。つまり、日本交通がＪａｐａｎ Ｔａｘｉの最初の顧客だったということです。

こうした、買い手と売り手が事実上、一体となった構図は、さまざまなメリットをもたらします。

売り先の確保や的確なニーズの吸い上げができるのはもちろんのこと、顧客側の業界内でのネットワークを活用することも可能になるのです。川鍋氏は、タブレット型決済端末の裏側をこう明かしてくれました。

「タブレット自体は特別なものではありませんが、メーターと連携させるところにはタクシー会社にしかわからないノウハウがあります。メーターというのは、改ざんを防ぐために、情報のインプット・アウトプットがかなり制限されている。そこはメーターをつくっているメーカーさんの協力が絶対に必要になる部分なんです。うちは創業のころからのお付き合いがあるからこそ、力を貸してもらえたんです」

ＪａｐａｎＴａｘｉは、顧客（日本交通）が持つタクシー業界のネットワークがあったからこそ、メーターとの連携という、タブレット型決済端末開発上の最大の難所を乗り越えることができたのです。

日本交通とＪａｐａｎＴａｘｉは、この新型タブレットを使った車内広告サービスも本格化させようとしています。広告によって収入を得ることができれば、決済端末の製造コストを押し下げる効果が働き、他社に、より安価で販売することも可能になるというわけです。

２０１８年、ＪａｐａｎＴａｘｉは、トヨタ自動車から75億円もの出資を受けることになりました。「両社のノウハウや技術を生かし、走行データの収集・分析やタクシー向けの通信端末、配車支援システムなどで連携する」（日本経済新聞 ２０１８年2月8日付）。

最初の配車アプリを開発したとき、「ソースコードごと１０００万円で売ってくれ」との誘いに乗らず、アプリの全国拡大、ドライブレコーダーやタブレット型決済端末の開発へと〝ずらし〟を続けてきたからこその、大きな成果でした。

「競合を顧客化する戦略商品はまだまだ考えられる」と川鍋氏は言います。

着々とものづくりのスキルを身につけているのですから、もしかすると将来は、エコで快適な自動車そのものを開発して全国のタクシー会社に販売し、テスラモーターズのようになっていくのかもしれません。

自動運転の技術開発が進展することによってタクシーの存在価値が問われていくこれからの時代、川鍋氏がどんな手を打つのか、期待を込めて注視していきたいと思います。

「同業他社」という市場を新たなスキルの獲得で開拓

同社の「ズラシ戦略」は、乗客から同業他社へと顧客をずらすために、既存のスキルを生かすのではなく、大胆に新たなスキルを獲得しに行ったことによって、成し遂げられました。

ケース1で紹介したボストン・レッドソックスの例で言えば、大規模興行の運営ノウハウを生かしてコンサート運営という新規ビジネスに乗り出したのではなく、ノウハウのないバットやグローブの企画製造販売を、ライバルの球団向けに始めてしまったようなものです。

それでも成功できたのは、〝バットやグローブ〟（つまりドライブレコーダーや決済端末）の市場について誰よりも深く理解していたからであり、それらをつくって売る能力を本気で極めたからと言えるでしょう。川鍋氏が口にした「絶対に勝てるんです。ただし、つくれれば」というセリフは、象徴的です。

ここで重要なのは、スキルの有無にとらわれず、**有効活用できる自社のアセットとして「同業他社という広大な市場」に気づくことができた**点です。

後は、必要なスキルを極められるかどうかが、越えなければならない唯一の壁であり、そこを越えてしまいさえすれば、顧客をずらす「ズラシ戦略」は完成するというわけです。

タクシーという、集約されていない（全国に同業者が多数いる）業界では特に、この戦略は有効でした。医療や不動産、飲食など、同様のビジネス展開が可能な業界はほかにもさまざまあると考えられます。我が社の顧客はこういう人たちだ、クライアントはこういう会社だという固定観念から一度離れ、〝横〟を向いてみる。そこに、新たな顧客がいるのかもしれません。

日本交通のズラシ戦略

アセット──タクシー業界における深い見識とネットワーク

●タクシー業界への影響力と見識

どうずらしたか

●タクシー配車アプリの開発

◆ドライブレコーダー、タブレット型決済端末の開発・販売

KEY POINT

ハードウェアの開発やソフトウェアの開発など、もともと持っていないスキルの獲得と、その徹底度

CASE6

米ドジャースが球団の全データを「投資」として開示する理由

最初のケース1として、MLBボストン・レッドソックスのビジネスを、顧客をずらす「ズラシ戦略」の観点から考察しましたが、同じく米国メジャーリーグのロサンゼルス・ドジャースも、巧みな「ズラシ戦略」を実行している球団だと言えます。

ドジャースが実施した「事業共創プログラム」

ボストン・レッドソックスの場合は、試合の興行スキルを生かして、コンサートなどのイベントマネジメント業に乗り出したり、球団や球場のスポンサーシップを毎年売りきる営業力を生かして、広告代理店業務を展開したりと、既存スキルに目を向けることで、野球以外のところに顧客をつくり出すことに成功していました。

一方、2018年シーズンにナ・リーグ連覇を果たしたロサンゼルス・ドジャースがとったズラシ戦略は、「事業共創プログラム」。2015年5月に発足した「Dodgers Accelerator（ドジャース・アクセラレータ）」が、その正体です。

一球団によるアクセラレータ・プログラム（企業や組織がスポンサーとなり、起業家やスタートアップとともに事業共創を行うプログラム）の実施は、MLBでは初めての試みでした（ちなみに日本では、横浜DeNAベイスターズが「ベイスターズ・スポーツ・アクセラレータ」を17年12月より開始しています）。

「ドジャース・アクセラレータ」への応募総数は、なんと2000社近くにも上ったそうです。そのうち、厳しい審査を経てプログラムへの参加を認められたスタートアップは、わずか10社。彼らは15年11月11日、ドジャースのオーナーたちや外部投資家らの前で事業内容をプレゼンする「デモ・デイ（demo day）」に臨みました。

会場はドジャー・スタジアム。そのピッチャーマウンドに立って文字どおりの〝セールスピッチ〟を行い、投資を呼びかけたのです。

このイベントに投資家として参加したベンチャーキャピタリスト、長谷川勝之氏（株式会社プライムパートナーズ共同代表パートナー）に詳しい話をお聞きすることができました。

まず、野球チームであるドジャースがいったいなぜアクセラレータ・プログラムを発足させたのか。この疑問に対して、長谷川氏は言います。

「CATVの視聴率や近年の売上などから、野球離れが進みつつあることを肌で感じ始めたドジャースは、どうすればスポーツエンターテインメントに人を呼び込めるのかということを真剣に考えました。

新規ビジネスの可能性も含めて議論を重ねるなかで、**『そもそも自分たちが持っているアセット（資産）を一度見直してみよう』**という話になり、それがきっかけでアクセラレータ・プログラムのアイディアにつながったようです。

ただ、球団自体にはそのノウハウがなかったため、取引先であるクリエイティブエージェンシーのR／GA社と提携する形で、プログラムをスタートさせました」

プログラムに採択された企業には、球団の有する多様なデータを提供

ここで、ドジャース・アクセラレータの概要を説明しておきましょう。

プログラムに採択された企業には、ドジャースが持つさまざまなアセットが提供されます。たとえば、球団の有するデータがその一つ。

野球は選手の成績や能力などが数字によって明確に表現される競技であり、チームは分析のための多様な統計データを保有していますが、ドジャースは参加企業に対して、必要に応じてそれらを開示します。

もちろん競技に直接関連するものだけでなく、トレーニング効果などのデータ、球団が展開する各種ビジネスに関するデータも、秘匿性の高いものを除けば開示の対象になるでしょ

う。

球団がスポンサーシップを結ぶ大企業とのコネクションも提供アセットの一つです。スタートアップは、それらのデータや情報、ビジネスパートナーとの接触機会などを得ることで、新たな事業をつくり出し、さらに成長の加速化を図れるわけです。

またドジャースは、10社それぞれに対して、数％のエクイティ（株式）と引き換えに数千万円を投資するというオファーを出します。これは断ることも選択肢として認められており、その場合は別の形でＷｉｎ－Ｗｉｎの協業関係を築けるよう個別に交渉が行われることになります。

そのほか、オフィススペースがチームのクラブハウス内に提供され、光熱費等の諸経費をドジャースが負担します。

ドジャー・スタジアムで開催された「デモ・デイ」には数百人規模の投資家たちが集い、なかにはＮＢＡの元スター選手で現在は投資活動も行っているシャキール・オニールの姿もあったそうです。

選手のリクルーティングに関するＳＮＳを運営するスタートアップ

「厳選された10社の事業内容は非常に魅力的だった」と長谷川氏は言います。

「たとえば『Appetize』というスタートアップは、スタジアムに着く前に食べ物や飲み物を注文しておいて、到着すると同時に、列に並ぶことなく商品を受け取れるシステムをつくって運用しています。また、野球用具のケア用品を扱う『Renegade』のような、比較的アナログな企業もあります。

特に私がおもしろいなと感心したのは、『Field Level』のサービスですね。ここは、選手のリクルーティングに関するＳＮＳを運営している。先進的なアメリカといえども、アマチュアの選手に対する評価を共有できるようなプラットフォームは未発達なんです。Field Levelはそこに目をつけて、特定の選手の評価が、中学時代のコーチから高校、大学のコーチへと引き継がれていくソーシャルメディアをつくりました。その選手がプロになれるレベルであれば、獲得を検討する球団にとっても非常に有用な情報になるはずです。

スカウトの目利きも重要ですが、性格がどうであるとか、チームのカルチャーに溶け込める人間性かというところまではなかなかわからない。過去のコーチたちのコメントを参照できるのはとても魅力的なシステムだなと思いましたね。

彼らはドジャースから、実際のリクルーティングがどのように行われているのかについての情報を得ることで、より実用的なSNSを設計することができるようになります」

さらに、採択されたスタートアップの構成に「スマートさを感じる」と長谷川氏は言います。

「多くの場合、アクセラレータ・プログラムの参加企業はたいていシード・ステージなんです。要は、創業したばかりで、ビジネスモデルもまだ確立できていない段階の会社がほとんど。その点、『ドジャース・アクセラレータ』は、すでにある程度成長している、いわば〝お兄さんスタートアップ〟がいくつか混ざっています。

そうすることで、シード・ステージのスタートアップは、直面する課題に対して〝お兄さん〟のアドバイスを受けることができ、〝お兄さん〟も若いスタートアップから新しい発想や技術を学ぶことができる。そういう相乗効果を期待できる構成になっています」

アセットを「売る」のではなく、投資として「開示」する

手応えを得たドジャースは、翌16年に再びスタートアップを募集・審査し、新たに5社を追加しました。このなかから、飛躍的な成長を遂げ、上場に至るようなスタートアップが現れれば、ドジャースは巨額の利益（キャピタルゲイン）を得られます。

野球チームがアセットを活用してビジネスを展開しようと考えるとき、たとえば「選手の肖像権をトレーディングカードのメーカーに売る」といったアイディアに行き着きがちです。しかし、ドジャースは自身の有するアセットをスタートアップに提供して、ビジネスに活用してもらうという道を選択しました。

投資事業のスキル不足はR／GA社の助けを借り、未知のビジネス領域に冒険的に踏み出すリスクをとることなく、大きな果実を手にしようとしています。

これはまさに、巧妙な「ズラシ戦略」の一つではないでしょうか。

アクセラレータ・プログラムにつきまとうのは、これまでの感覚なら「売ってお金をもら

う」べきアセットを、「投資という形で、こちらからお金を出して公開する」ことへの抵抗感です。内部情報を開示することに対する心理的障壁もあるでしょう。

この点に関する長谷川氏の話は興味深いものでした。

「ドジャースのオーナーはこう言っていました。『実際にプログラムがスタートしたいまになって思えば、開示したアセットは隠すほどのものでもなかった』。

たとえば、先ほどお話しした Appetize がほしがったのは、スタジアムにおける飲食販売のPOSデータだった。それを隠し持っておくことの意味は実はそれほどなかった。スタートアップに開示することで便利なシステムが開発され、結果的に売上が上がるのであれば、データを提供したほうがメリットが大きいですよね。

アクセラレータ・プログラムに関しては、『自分たちで定義したアセットほど使われない』という話もよく耳にします。スタートアップから『このデータをください』と言われて、『え、そんなのでいいの？』と驚くことも多いんです」

社内で放置されているアセットが莫大なリターンに化ける？

ドジャースの「ズラシ戦略」は、決してスポーツ業界特有のものではありません。メーカーが持っている洗濯機の揺れを抑える技術が、まったく業種の異なるスタートアップで必要とされているかもしれません。

スペア部品の受注ランキングを新たなビジネスの種として、画期的なシステムを開発するスタートアップがあるかもしれません。

社内にただ置いておくだけになっているアセットが、将来、莫大なリターンにつながるかもしれないのです。

長谷川氏はこうも言います。

「いま、日本のさまざまな産業が『アセットをデジタル化できない』という問題に直面しています。野球チームも含めて、トラディショナルな風土の企業ほど、その解決策を見出せないままビジネスの縮小傾向から脱却できずにいます。
スタートアップは、企業が持っている、曖昧で十分に活用しきれていない統計データを安価に分析する術を持っていますし、アセットのデジタル化を推し進めてくれる存在だとも言えます。デジタルトランスフォーメーションという時代の波に乗り遅れないためにも、ドジャースの手法は有効なのではないでしょうか」

あなたの会社も、アセットの活用を意欲と能力のあるスタートアップに広く呼びかけてみてはどうでしょうか。何ということのないデータや情報を大きなビジネスに育て上げてくれるパートナーとの出会いがあるかもしれません。

ロサンゼルス・ドジャースのズラシ戦略

アセット｜**野球および野球ビジネスにまつわる知見やデータ、ネットワークなど**

●ドジャース自体の球団経営やチーム運営（内部情報として秘匿）

◀◀◀

どうずらしたか

◆**アクセラレータ・プログラムを使った投資活動（スタートアップへの開示・活用促進）**

KEY POINT

球団が持ち合わせていない投資事業のスキルに関しては、パートナー企業との協力関係を構築

CASE7

CM制作会社が自社クリエイターを送り込む人材ビジネスにいたった発想の軌跡

CM制作の実績を資産にした次の成長モデルを模索する

海外旅行中に友人が腹痛を訴え、救急搬送されることに。付き添いの男性が小さな端末に日本語で話しかけると、自動的に英語に翻訳され、外国人の救急隊員ともスムーズにコミュニケーションがとれる。その便利さに、救急車の中にいることも忘れてついはしゃいでしまう――。

これは、オフライン音声翻訳機「ili（イリー）」のテレビCMの一コマ。イメージキャラクターを務める草彅剛のコミカルな演技が印象に残っている読者も多いのではないでしょうか。

この映像を制作した株式会社ティー・ワイ・オー（TYO）が、今回の主役です。実はiliのCMは、従来とはまったく異なる経緯をたどって――本書のテーマである「ズラシ戦略」によって――世に送り出されたものなのです。

TYOの常務取締役クリエイティブエージェンシー本部長、安田浩之氏は言います。

「弊社のもともとの事業は『広告代理店から受注を受ける映像制作プロダクション』でし

た。それがすべてと言ってよかった。ただ、2002年に上場もしたことですし、さらに成長していくために、実績も豊富なCM制作というアセット（資産）を活用しながら何かできないだろうかと考え始めました。代理店経由の受注ではなく、広告主と直接取引するビジネスモデルを模索し始めたんです。

見方によっては既存事業の否定ともとれるので、社内の理解を得ることは決して簡単ではありませんでしたが、いまは顧客であるブランド自体がマーケターやクリエイターを採用するなどして代理店機能をかなり持っている時代。そういう面では、クライアントとの直接取引は、じかにコミュニケーションができるうえに中間マージンも発生しない、いまの時代にマッチしたビジネスモデルと言えます。

結果的に、大まかに言えば電通からの受注が3割、博報堂からの受注が3割、直接取引が3割といった感じの売上構成に様変わりしました」

ただし、代理店を挟もうが、直接取引であろうが、「受託ビジネスである以上は利益率を伸ばすことは難しい」という課題は残されたままでした。「この業界では営業利益で6〜7％残ればいいほう」と安田氏は言います。

そんななかで、貴重な収益の柱まで失う危機が訪れます。

「これまでCMの映像はテープに焼いて、そのCMを流す各放送局に納品するのが業界の慣習でした。テープ1本あたり3万円ほどになるので、100のテレビ局に納品すれば300万円、3パターン展開のCMならそれだけで900万円もの売上が立つわけです。ノイズがないことをチェックするなどの手間はかかるにしても、そこから生まれる利益は年間で億単位になります。

ところが今年（18年）あたりから、テープによる納品ではなく、（映像データを伝送する）デジタル送稿でも構わないという流れになってきた。プロダクション側は、うちに限らず、これまで得ていた大きな利益を失うことになります」

テレビCMで知名度向上を図るベンチャー企業のニーズ

新たな収益源獲得の必要性が高まる事業環境にあって、安田氏が目をつけたもの——それが「投資」でした。

ＴＹＯの強みの一つが、新興企業のＣＭ制作です。フリマアプリの「フリル（現ラクマ）」や「メルカリ」、中居正広を起用した音楽ゲーム「デレステ（アイドルマスター シンデレラガールズ スターライトステージ）」など、話題のＣＭを次々と生み出し、実利にも貢献してきたＴＹＯの評判は口コミで広がり、ベンチャー企業からの引き合いが多いと言います。そうした企業との対話の中に、安田氏はヒントを見つけました。

「自分たちのアセットは、やっぱり広告、ＣＭ制作しかない。その延長線上でもう少しレバレッジを効かせた利益がとれないだろうか、と考えるようになりました。

ベンチャー企業が成長してくると、上場を視野に入れて、あるタイミングで、知名度向上のためにテレビＣＭを展開したいというニーズが出てきます。そういった企業と打ち合わせをすると、『広告費を調達するためにＶＣ（ベンチャーキャピタル）に相談している』『金融機関から、当たるかどうかわからない広告のために資金を出すのは難しいと言われている』といった話をよく耳にします。

でも、テレビＣＭによって企業が急成長した事例を私はいくつも見てきましたし、それならうちがリスクをとってファイナンスすればいいんじゃないか、と思ったんです」

安田氏が、弊社フィールドマネージメントにご相談に来られたのは、そうしたタイミングでした。タッグを組んで、広告活動のための資金調達ニーズに対応したベンチャーファンド「Ad Hack Ventures」を17年に設立。その第1号案件こそ、記事冒頭のiliを開発した株式会社ログバーへの約5億円の出資だったのです。

「うちはVCとは違って、アーリーステージから投資を行うことはしませんが、広告の力で企業価値を上げることはできると考えています。10倍、20倍というキャピタルゲインを狙うのではなく、1・5倍でも2倍でもいいというスタンス。それでも、数%の営業利益を稼ぎ出すのとはケタの違う収益につながる可能性があると思っています。我々が身銭を切って投資することで、広告主からは強い信頼を得られますし、こちらも真剣な体制を組んで臨みます。失敗するわけにはいきませんからね」

下請けから直接取引になり、「企業の広告担当者」が顧客に

現在の投資先は、ログバーに加え、動画メディア事業を手がける株式会社エブリー、収納サービス「サマリーポケット」を提供する株式会社サマリーの3社です。

興味深いのは、結局のところ、「クライアントのために、いいCMをつくる」というTYOの根幹の部分は何も変わらない、という点です。

下請けのときは「広告代理店の担当者」が顧客でしたが、直接取引では「企業の広告担当者」が顧客となり、いま投資という選択をしたことで、「企業の経営陣」がビジネスの相手になりました。

結果が数字で示されるのはもう少し先になりますが、映像制作という自らのアセットを変えることなく、振り向ける先を〝ずらす〟ことで新たな可能性が開けてきた「ズラシ戦略」の一つの事例だと言えるでしょう。

さて、TYOの「ズラシ戦略」は投資にとどまりません。安田氏はこう語ります。

「いま、インターネットを中心に動画制作のニーズがものすごく高まっています。『1本100万円以下の予算で何十本もつくってください』といった案件がたくさんあるのに、うちはまったくと言っていいほど対応できていない。

なぜかと言うと、これまでの弊社のビジネス構造が、数千万から億単位の予算でCMを制作する、つまりお金をたくさん使うことで、その間接費から利益を上げていく形になっているからです。出演者へのギャラや楽曲の発注、スタジオや機材の費用などで6～7割は外に出ていく。

ある方から『右から左にお金が出ていくなんて、あなたの会社は金融業をやっているみたいだね』と言われたことがありますが、その言葉は私の心臓にグサッと刺さりました。自分たちのビジネスが矛盾を抱えていることに、私自身も気づいていましたから」

より安く、より品質の高いものを生み出そうとする試みは、あらゆる生産活動に共通する大原則のはず。しかし、映像制作の業界では、広告主に予算を積み上げさせることがプロダクションの利益につながる構造になっていたわけです。こうした〝矛盾〟を抱えたままでは、目の前に広がる動画制作という市場に立ち入ることはできません。安田氏は続けます。

「外注項目が数千にもわたるなど、実際にプロダクションが仕切らないと成立しない案件もありますから、それはそれで継続してやっていく必要はあります。ただ、そうした案件は減りつつあるなかでどうすべきかと考えると、最大のアセットは『人』だと思ったんです。

うちには、映像をつくる才能がある、プランニングができる、あるいは、自分で撮影してMacで編集もできるとか、そういった人材が山ほどいます。しかも、ナショナルクライアントの仕事を経験しているので、レベルも高い。

であれば、受注制作という形ではなく、うちの人材、才能やノウハウをクライアントに提供すればいいんじゃないか、請負ビジネスとしてとらえ直すべきではないかと考えるようになりました」

自社のクリエイターを送り込む〝人材ビジネス〟もスタート

「動画をつくりたい企業に対し、TYOの『人』を提供する。そうしたビジネスモデルは顧客企業のニーズにもマッチしている」と安田氏は言います。

「先ほどもお話ししたとおり、ブランド側には、クリエイターを自社で採用し、これまで広告代理店などに発注してきたコンテンツ制作を社内で行う、〝インハウス・プロダクション化〟とも呼ぶべき動きが見られます。

でも、クリエイターは一つのブランドの仕事しかできない環境を好まないこともあって、美大で専門的に学んできたような優秀なクリエイターを確保するのはなかなか難しい。必要な期間だけ、レベルの高いクリエイターを提供してもらえるというのは企業側にとって好都合なだけでなく、いろいろなブランドの仕事がしたいというクリエイターの要望にも応えられる仕組みなんです」

自社のクリエイターを送り込む〝人材ビジネス〟はすでに動き始めていると言います。この新規事業もまた、軌道に乗りさえすれば、ＴＹＯの利益率を劇的に改善する可能性を秘めています。

「人材会社の営業利益率は一般的に30％ほど、専門性が高くなれば40～50％になることもある。それに最近の傾向として、企業は外注費は安く抑えようとする一方で、人に対する投資、フィーに対してはしっかり報酬で応えていこうという姿勢が見られるのも追い風だと思います。

また、利益率がよくなるだけではなくて、『２００億円の売上で12億円の利益』と『30億円の売上で12億円の利益』とを比べたら、利益の額は同じでも、やっぱり後者のほうが健全だろうと思うんです。

うちはＣＭ制作の大手としてのブランド力があるので、毎年２０００人ものクリエイターが入社試験に応募してきますが、実際に採用されるのは数十人。それではすごくもったいないので、顧客側のニーズと照らし合わせながらクリエイターの採用をもっと増やしたいなと考えています。

要は、**人をコストセンターではなくプロフィット化する発想に立つ**ということ。近い将来、多様な才能を持つクリエイター集団を数千人規模で形成できればおもしろいですよね」

これもまた、新規事業とはいえ「クライアントのために、いいCMをつくる」という根幹は、従来と何ら変わっていません。変わらぬまま、「受注制作」から「人材の提供」へ発想の矢印をずらしただけで、収益構造が一変する可能性があるのです。

業界の常識にとらわれてはいないか。自社のアセットを無理に変えることなく目の前のビジネスチャンスをものにする手段はないか。自分のいる場所を柔軟な発想で見つめ直すと、新たな可能性に気づくことができるかもしれません。

ティー・ワイ・オーのズラシ戦略

アセット | CM・映像制作のノウハウ・人材

どうずらしたか①

●広告主・広告代理店から受注して制作

◀◀◀

◆**広告主に投資して、制作**

どうずらしたか②

●クライアント企業から受注して制作

◀◀◀

◆**クライアント企業に人材（クリエイター）を提供して制作**

KEY POINT

広告費の確保に課題があるベンチャーに自ら投資。またクリエイターをクライアント企業に派遣するという、旧来のビジネスモデルにとらわれないアイディア

CASE8

ライザップ社長が語る、英語、ゴルフ、Jリーグまで広がる事業の根幹

さえない表情でたるんだお腹をさすっていた老若男女が、数ヵ月後、別人のように引き締まった肉体を手に入れる――。CMのインパクトも手伝って、「ライザップ」の名は瞬く間に世間に知れ渡りました。いまではボディメイクにとどまらず、ゴルフや英語、料理など、同社が提供するサービスは拡充の一途をたどっています。それればかりか、2018年4月にはJリーグ・湘南ベルマーレの経営権を取得することも発表されました。

こうした事業展開もまた、「ズラシ戦略」に合致するものと言えます。

事業の中心はフィットネス事業 目的は「健康的にお痩せいただくこと」

同社の根幹をなすアセット（資産）とは何なのか。そして、それをどのようにずらしているのか。ライザップ創業者、瀬戸健社長の言葉を借りながら、同社の「ズラシ戦略」を紐解いてみましょう。

ライザップの事業の中心は言うまでもなく、専属トレーナーが専門的かつ徹底的にサポートすることで健康的なボディメイクを実現するというフィットネス事業です。この事業を行ううえで大切にしている視点を、瀬戸氏はこう説明します。

「創業のころから意識してきたのは、目的と手段を明確に分けるということです。ライザップは『パーソナルトレーニングを広めようの会』でもないし、『糖質制限を広めようの会』でもありません。

目的はあくまでお客様に健康的にお痩せいただくことであって、パーソナルトレーニングや糖質制限といったことはそのための手段でしかない。

これまでに10万人以上のデータを分析してきましたが、情報を常にアップデートすることで最先端のサービスを提供できるわけですから、より有効な手段が見つかったなら速やかに変えていくべきです。ともすると、人や企業は、目的を見失って手段に固執してしまいがち。そういう会社にならないように、社員たちに注意喚起することもありますね」

膨大なデータ分析に裏打ちされたトレーニング理論は厚みのある冊子にまとめられ、新たな情報が得られるたびに修正が繰り返されているといいます。その内容を完全にマスターすることで、ライザップのトレーナーは一人前になれるのです。

結果を出すための手段は正しい理屈や方法だけではない

瀬戸氏は続けます。

「結果を出すための手段というのは、正しい理屈や方法だけではありません。当たり前の話ですが、それを『やりきる』ということが何より大切です。要するに『やり方×努力』ですね。ライザップの各トレーナーには、利用者を動機づけ、ゴールまで導くためのリーダーシップを徹底して学ばせています。彼らが専属でついて、きっちりと『やりきらせる』という部分も、弊社の生み出し得る大きな価値だと考えています」

目的は何なのかを明確にしたうえで、要素分解し、「これとこれを徹底すれば目標を達成できる」という方程式を導き出すこと。

それを特定のトレーナーや指導者の能力に依存せず、多くの人が指導できる再現性のあるプログラムに落とし込むこと。

さらに、変わろうとしている人を献身的に支え、目標を達成できるまでやりきらせるモチベーションを生み出すこと。

これらがライザップの根底にあるアセットと言えそうです。変えたいと望むスキルがゴルフであれ、英語であれ、料理であれ、目的がダイエットから入れ替わるだけ。大枠の考え方はそのままに、異なるジャンルに〝ずらす〟ことで同社は新たな顧客を獲得しているのです。

湘南ベルマーレの経営権取得は、ライザップ自体にも相乗効果

湘南ベルマーレの経営権取得については、どうでしょうか。瀬戸氏は言います。

『勝つ』という結果から逆算したときに、何が欠けているのか。そのピースをチームとともに見つけ出したい。

強いチームと弱いチームはどこでどう差が出ているのか、いわばＫＰＩ（重要業績評価指標）のようなものはデータによってある程度は分析できるところもあるでしょうし、それを抽出することで再現性のあるアクションを導き出せるのではないかと思っています。

ベルマーレに関しては人間の体が分析の対象になるわけで、そこはライザップのトレーニングと共通する部分です。トップアスリートの体を検証することで得られるデータから私た

ちが学ばせてもらう部分も多い」

ベルマーレを傘下に収めたことは、チームに好影響を与えられるだけでなく、ライザップ自体にも相乗効果を及ぼし得る、というわけです。

事業の根幹は、「人は変われる。を証明する」こと

ここからは私の考察になりますが、ライザップのアセットをベルマーレに〝ずらし〟たとき、たとえば、次のような可能性が見えてくるのではないかと思います。

一つは、競技人口の多いランニング分野への進出はどうでしょう。

ベルマーレはJリーグでもトップクラスのスプリント回数と走行距離を誇る、「走る」ことを信条としたチーム。そこから得られたデータを分析して「走力向上の方程式」を導き出し、「プログラム化により、その手法に精通したトレーナーを育成」、さらに「強力なリーダーシップによるモチベーション」を掛け合わせることで、「目標タイムを切るためのランニングトレーニング」を新たな事業に加えることが可能かもしれません。

また、「チーム」が分析対象に追加されることで、これまでの「個人」を対象としたサービスから、「団体」を対象としたサービスへと展開していく道も開けるでしょう。

そのほかにも、子どもたちが参加するスクールやユースチームを足がかりに、「大人」のみならず「子ども」の運動能力を伸ばす事業もあり得るのではないでしょうか。

ライザップの今後について、瀬戸氏は言います。

「『人は変われる。を証明する』ことが、我々の事業の根幹です。ライザップのトレーニングジムを軸にしながら、そこから増殖していくイメージかなと思います。『こうすれば人って変われるんだな』『自信がつくんだな』と、ライザップの存在があったからそう思えた、というところまで持っていきたい。社会的な価値観やカルチャーに影響を与えられるぐらいの企業を目指したいんです。そういう意味では、まだ達成度は1％にも満たないですね」

その後、急激なM＆Aの反動で苦境を迎えることになったライザップですが、創業から急成長を果たしてきた過程においては、「ボディメイク」から「英会話」「ゴルフ」などへの巧妙な〝ずらし〟があった、それは間違いないのだろうと思います。

ライザップのズラシ戦略

アセット　「人は変われる。を証明する」ノウハウ

●ボディメイクやダイエット

どうずらしたか

◆ゴルフや英語、料理など

KEY POINT

「やり方×努力」で明確な結果が出やすい分野を選定し、多角的に展開

番外編❶

アップルのサービス業へのシフトでも貫かれる、スティーブ・ジョブズの信念

時価総額はおよそ１００兆円。まさしく世界最大級の企業であるアップルもまた、「ズラシ戦略」と無縁ではありません。

同社の企業戦略については、決算で明らかになる数字、あるいは発表されたプロダクトを考察の材料として外部から分析が試みられることは多いですが、その内実が明らかになることは滅多にありません。今回は、同社の内部事情に詳しい関係者の協力を得て、巨大企業に隠された〝ずらし〟の真相に迫ってみることにしましょう。

iPhone販売台数が頭打ちとなるなか、着実な成長を見せるサービス部門

２０１８年第４四半期決算によると、同社の四半期売上高は６２９億ドル（約７兆円）で、そのうちの約６割に当たる３７２億ドルが、ご存知のとおり、「iPhone」で占められています。同期における販売台数は４６９０万台。世界で売れ続けるiPhoneが同社の根幹を支えていることは疑う余地がありません。

ただ、その販売台数はおおむね横ばいとなっており、単価上昇による売上の増加は見られるにせよ、成長分野と位置づけるのは難しい面もあります。

そうしたなか、近年、着実な成長を見せているのが同社のサービス部門です。同部門の18年第4四半期の売上高は100億ドルで、前年同期比17％の伸びを示しています。13年第1四半期では37億ドルの売上でしたから、この5年間で3倍近くになったわけです。

アメリカでは、ビジネス誌『フォーチュン』が全米の企業を総収入でランキングする「フォーチュン500」というリストを発表していますが、アップルはサービス部門の売上だけで「フォーチュン500」にやすやすと割って入る規模を誇ります。

サービス部門の中身を詳細に見ると、主に、iPhone向けのアプリ・ダウンロードサービス「App Store」、各種ライセンス収入、音楽プレーヤーソフト「iTunes」、延長保証サービス「Apple Care」、クラウドサービス「iCloud」、音楽配信サービス「Apple Music」、そして決済サービス「Apple Pay」によって構成されています。

アップルは「ハードウェア：ものづくり」を基盤としつつ、「サービス業の会社」としての性格を徐々に強めていると言えます。

関係者によると、アップルがサービス部門にも重点を置きつつある背景は、次のように分析できると言います。

「そもそも、ハードウェアのビジネスには限界がある。パソコンにしてもスマホにしても、商品の質が高くなればなるほど満足度は高まり、『新しいものを買い直したい』という動機は小さくなっていきますから、その部分の成長が鈍化するのは当たり前なわけです。アップルも例外ではなく、だからこそ、サービス部門の強化へとシフトしていかなければならない。iPhone の利便性をより向上させて、利用頻度を高めていくことが基本的な目的です」

アップルの本質的なアセットとは何か？

物理的な商品をつくるメーカーとサービスの業態は言うまでもなく別もので、必要なスキルも異なります。ハードウェアメーカーとして成功したアップルが、サービスの分野でも成功できるとは限りません。

しかし、アップルにとって、サービス業への参入と拡充は決して無謀なチャレンジではなかったのだろうと思います。

自社の本質的なアセット（資産）を見つめ直し、新たなビジネスのほうへと振り向ける、すなわち「ズラシ戦略」がそこにはあった、とも言えるからです。

アップルにおける本質的なアセットとは何か。想像してみましょう。

世界中に存在するハードウェア生産拠点。圧倒的なクオリティで構築されたサプライチェーンの仕組み。販売チャネルとの極めて強固なパートナーシップ。これらはまぎれもなくアップルのアセットの一つと言えるでしょう。それをさらに活用することで、もっと多種多様なハードウェアをつくるという選択肢をとったとしても何ら不思議ではありません。

実際、ソニーもシャープも東芝も、エレベーターから乾電池まで、本当にたくさんのものをつくっています。形ある機械、ハードウェアを製造することは彼らの得意技なのですから当然です。

しかしアップルは、〝何でもつくるメーカー〟になる道を選びませんでした。ハードウェアの中でも、あくまでイノベーションを起こせる領域だけに特化し、むしろ得意ではないはずのサービス業の拡大に踏みきりました。先述したような、莫大な価値あるアセットを手広く活用していこうとは考えなかった、という言い方もできます。

前出の関係者は次のように話します。

「やはりスティーブ・ジョブズの思想が根底にはあるのだろうと思います。多くの企業が行ってきたハードウェアのビジネスは、新しい機能をつけ加えたりしながら新製品を出していき、そのたびに少しずつ儲けていこうという戦略が主流でした。でもジョブズは、圧倒的なクオリティを追求し、いきなり最高のものを出そうと考えた。他社より時間がかかってもいいから、細部までこだわり抜き、とにかくいいものをつくる。そして人々を驚かせ、シンプルなマーケティングで一気にシェアを獲得する。そういう手法は成功を収め、やがてアップルの企業文化として根づくようになったのだと思います」

競合他社に後れをとってもいいから、その時点で考え得る最高の製品をつくる。そして、それを一気に市場へと浸透させる。

ジョブズがつくり、ジョブズから引き継がれてきた思想・価値観こそが、アップルが持つ本質的なアセットだと言えるのではないでしょうか。

会社の隅々、事業のすべてに行き渡るスティーブ・ジョブズの理念こそが、アップル社の最大のアセット

ただ、サービスの世界では、他社に先駆けてアプリ等をリリースし、インターネットを活用してアップデートを随時行い、製品のクオリティを改善していく手法が一般的。これは、先述した理念とは正反対ですが、「アップルはサービスビジネスにおいても、その姿勢を崩していない」と関係者は言います。

「不完全なものを世に送り出すことをよしとせず、完成度を可能な限り高められるまで開発に時間をかけている。アップルの中でも事業側の人たちは『早くリリースしてほしい』というのが本音でしょうが、他社に先を行かれたからといって見切り発車するようなことはありません。

たとえば『決済』のように毎日必要になるような重要度の高いサービスに関しては、ハードウェアと同等の強いこだわりを持ってＵＩ／ＵＸを自社で開発しています。一切手を抜かないんです」

ハードウェアメーカーのビジネスに通じた人なら、「アップルはどうしてわざわざサービス業なんかに」と首をかしげるかもしれません。市場という観点に立つと、世界の人口の半分以上を抱える発展途上国はまだまだ開拓の余地があるからです。多くのハードウェアメーカーがそうしているように、安価な製品を開発し、投下すれば、東南アジアやインド、アフリカなどのビッグマーケットで爆発的なシェアを獲得できる可能性は十分にあります。

アップルがその果実をとりにいかないのはなぜなのか？　関係者は言います。

「ハードウェアを売りながら高い利益率のサービスを買ってもらう、という戦略をとっているからです。それなりの富裕度がないと成り立たないので、先進国にフォーカスしている。アップルとしては、先進国という市場の中で顧客を「ずらし」ていく必要があるのです」

スティーブ・ジョブズに率いられたアップルの製品は世に驚きを与え、圧倒的な支持を獲得してきた歴史があります。そのため、私たちはつい、アップルが優れた技術を持ったハードウェアメーカーだという見方をしてしまいがちです。ただ、冷静に見ると、iPhoneに内蔵された部品や技術の大半は他社から供給されたものだと言われるように、アップルが「技術」をコア・コンピタンスとした企業ではないことがわかります。

サービス部門においても同じことが言え、自社の技術力で勝負しようとはしていないようです。それはアップルが、音楽認識アプリ『Shazam』や雑誌購読サービス『Texture』など、ソフトウェア関連企業を次々と買収している様子からもうかがい知ることができます。

ものづくりにおいて誰にも真似できない工作技術を有しているかと問われれば、そうではない。他社の追随を許さないソフトウェア開発のスキルを持っているかと問われれば、そうでもない。

アップルはむしろ、「技術」に関しては「できる人」「できる会社」に頼ることをためらいません。それどころか、広く募り、時には買収しながら、あくまで「技術の使い手」として自らを位置づけていると言えるでしょう。

その根本にあるのはやはり、**スティーブ・ジョブズが会社にもたらした「最高のものをつくる」という確固たる信念です。「技術」はいわば道具にすぎない**のです。

ものづくりからサービスへと業態が変われば、使いこなす道具（技術）も変わりますが、その理念自体は変わることがありません。核にある思想・価値観こそを自社のアセットとし、その対象を〝ずらし〟ただけ。アップルがサービスビジネスにおいても成長している理由の一つはそこにあるのでしょう。

同社に詳しい関係者は、次のようにも語っていました。

「アップルのサービス部門の成功は、別の見方をすれば、盤石なプラットフォームがあるからこそ可能だったとも言えます。iOSを搭載したiPhoneが世界中に普及しているという強みを握っているから、たとえサービスのリリースが後追いになったとしても、あっという間にグローバルにスケールさせることができる。急いで出して少しずつシェアを獲得していくのではなく、遅く出しても一気にパイを奪えるんです」

ここで、「100兆円企業の事例は参考にならない」「アップルのようなプラットフォームを備えていないから真似はできない」と考えてしまうのは得策ではありません。

揺らがぬ思想もまた企業の本質的なアセットの一つであり、その〝ずらし〟によって、新たな事業を無謀なチャレンジとすることなく成長の活路を開く。アップルのような巨大企業が成長を続ける理由を知ることの価値は、決して小さくないと思います。

アップルのズラシ戦略

アセット ― **スティーブ・ジョブズから引き継がれてきた「最高のものをつくる」思想**

どうずらしたか

●iPhone をはじめとするハードウェア

◀◀◀

◆各種アプリなどのサービスビジネス

KEY POINT

「技術力」で勝負せず、「イノベーティブ」であることを最重要視。ハードウェアを売りつつ、利益率の高いサービス業にシフトする戦略

番外編❷

ナイキのデジタル戦略とトップブランド化を支えた“磁力”の存在

本書を完成させる過程で、私がどうしても外せないと考えていた企業が、ナイキでした。ナイキは4兆円近い売上高（2018年）を誇る、言わずと知れた世界最大のスポーツブランドです。売上高は10年前のおよそ2倍に伸びており、常に革新的な商品・サービスを世に送り出しながら、業界のトップに君臨し続けています。

斬新なプロジェクトに次々と打って出るナイキですが、無謀なチャレンジを仕掛けているのではなく、実は巧妙に「ズラシ戦略」を実践している。ナイキの商品や経営戦略をウォッチし続けてきた私は、ずっとそう感じていたのです。

先駆的かつ積極的に推し進めてきたデジタル戦略

過去を振り返ると、ナイキはただカッコいいシューズやウェアをつくることだけに満足せず、〝デジタル戦略〟を先駆的かつ積極的に推進してきました。シューズにセンサーを装着することで走行距離などを記録できる「Nike+」や、リストバンド型の活動量計「Nike+ FuelBand」の発売、また近年ではアップルとのコラボレーションによる「Apple Watch Nike+」を展開しています。

ナイキがこれらのデジタル路線に踏み出したプロセスとはどのようなものだったのか。どのような理念に基づく意思決定だったのか。
それを解明することによって〝ずらし〟の存在を証明したいと考えていました。

その解説をしていただくにふさわしい方として、久保田夏彦氏にご協力いただきました。久保田氏は、96年から16年までのおよそ20年間にわたってナイキジャパンに在籍し、さまざまなプロジェクトで日本市場におけるマーケティングの責任者を務めてこられたナイキのデジタル戦略に非常に精通している方です。

久保田氏は、ナイキジャパンでの自らの足跡を振り返りながら、ナイキのデジタルシフトの歴史をこう語ります。

「ＷＥＢサイトのデザイン性やクオリティがまだまだ発展途上だった90年代半ば、『Nike.com』はすでに、ＷＥＢクリエイターやエンジニアたちにとってマストチェックなサイトとして認知されていました。言い換えれば、デジタルシフトが早かったからこそ、世界中で模範とされるようなＷＥＢサイトを構築することができた。

そもそも、スポーツはまさに肉体的・身体的な〝リアル〟の世界に属するものであって、〝デジタル〟の世界とは完全に分断されていたわけです。

そこをナイキは、何といっても『Just Do It』な会社ですから、とにかくやってみようという精神で、スポーツをデジタルの方向へと展開していくことに早い時期から取り組んできたのだと思います」

少数ロットのラインを、BTOのカスタマイズシューズの生産に転用する

WEBサイトは、メーカーと消費者個人の〝接点〟として機能します。それをうまく活用したものの一つが「NIKEiD」でした。

NIKEiDとは、好みの柄や色、デザインなどを指定して、自分だけのオリジナルシューズをオーダーできるサービス。当初はWEB上でのみ注文を受けつけていました（現在は実店舗「NIKEiD STUDIO」での注文も可）。日本でのサービス開始に先立って、久保田氏は本国アメリカでそのシステムについて学ぶ機会を得たそうです。

「印象的だったのは、少なくとも初期の段階のNIKEiDには、サンプル用の生産ラインが活用されていたことでした。少数ロットのラインを、BTO（Build To Order＝受注生産）のカス

タマイズシューズの生産に転用するというサプライチェーンのアイディアは、一種の〝ずらし〟だったのかもしれませんね」

大量に出回っているものよりも、希少性のある特別なシューズを履きたい――NIKEiDで生まれた顧客ニーズの延長線上にあるとも言えるのが、「SPECIAL MAKE UP」の流行でした。大学や選手、企業などからの別注でつくられた独自配色のシューズに注目が集まったのです。

「東京でも00年ごろから流行り出しました。ナイキはそのころ、藤原ヒロシさんを発掘して手を組み、彼のデザインによる『BLACK AND WHITE COLLECTION』をつくったりしていました。真っ白、あるいは真っ黒のスニーカーで、当時の私は『なんでそんなものをつくるんだろう』と思っていましたね。でも、いまになって考えれば、藤原さんたちがやっていたことは、スポーツ用だったスニーカーを、その色や素材を変えることでファッション用のものへと転換していく作業だったんです」

久保田氏によれば、このころから東京のマーケットや藤原ヒロシさんに対するナイキの評価は上昇。それを受けて、「CO.JP（コンセプトジャパン）」というプロジェクトが始まることになります。

「日本の東京から発信することをコンセプトにした小ロットのスニーカーで、東京でしか買えない一連のコレクションです。その中に『ダンク』シリーズなんかも入っていて、ブームになりました。

数を限定し、ほかの場所では買えないという制限を設けることで、付加価値をつけていく。マスの商品であったスニーカーに対して、まったく新しい〝買う理由〟を、もっと言えば新しいビジネスモデルをつくることになったのです。

90年代に起きたエアマックスの大流行は、広末涼子さんなどの有名人がCMで着用したのを機に巻き起こった〝事故〟のようなものでしたが、CO.JPはより戦略的なものだったのかなと思います」

「Nike+」は、ビッグデータの先駆け

そして、06年に登場したのが「Nike+」です。シューズに入れたセンサーから発信される

電波を「iPod」で受信して走行距離や速度などのデータを蓄積するキットで、アップルとのコラボレーションによって誕生したものでした（当時はiPhoneの発売前）。

Nike+の登場が持つ意味を、久保田氏はこう説明します。

「最初は『手書きでつけていたランニング日誌がデジタル化されるんだな。たしかに紙よりも便利だよね』というくらいにしか考えていませんでした。ただ、これもいま思えば、ビッグデータへのシフトの始まりだった。ナイキはただスポーツ用商品を売るだけじゃなくて、人間の行動データを集めていくんだ、と。

私たちにとっては、アップルとナイキがタッグを組むこと自体が魅力的で、そっちのほうに目を奪われていました。記者発表の光景を見ながら、『スティーブ・ジョブズとマーク・パーカー（現ナイキ社長）がいっしょに並んでる！』なんて驚いていましたけど、本国の開発チームにはビッグデータの将来的な重要性が見えていたのでしょう」

デバイスメーカーを目指してしまった「ズラシ戦略」の失敗例

先見性と革新性で新たな市場を切り開いていったナイキですが、すべてが成功を収めたわけではありません。実は、「ズラシ戦略」の典型的な失敗例とも言えるような経験をしています。それが、2012年に発売した「Nike+ FuelBand」でした（日本での発売は13年）。

Nike+ FuelBandは、腕時計のように手首に装着するデジタルデバイスで、一日の運動量や消費カロリー、歩数などを計測する〝活動量計〟です。特にユニークなのが、日々の活動量を「Fuel」というナイキ独自の単位で表したことでした。

Nike+ FuelBandのブランドマネージャーとして日本でのマーケティングを担当した久保田氏は、苦笑交じりに振り返ります。

「新しい単位をつくろうとしたことに対しては、ナイキらしくて目線が高いなとは思いましたけど、ちょっと壮大すぎたのかもしれません。〝単位〟を売っていかなきゃいけないというのは、ブランドマネージャーとしてはなかなか難しかったですね……。

後はやっぱり、ナイキがデバイスメーカーになること自体に無理があったと思います。本業じゃないところで勝負している難しさは当時から感じていました。ナイキが自分たちで設計図を描いて、自分たちで回路を決めて、そうやって真っ正直に取り組んだわけですけど、リソースを割くところではなかったのかなという気がします」

ここで、レッドソックスの戦略を紹介したケース1の記述を引用したいと思います。私は「ズラシ戦略」の失敗例として、次のように書きました。

〈野球の興行を主たる事業とする球団が劇的に売上を伸ばす——その理由を何の手がかりもなく想像すると、「野球」を活用した新規ビジネスに取り組み、それが成功したのだろうと考えられます。たとえば、レッドソックスプロデュースのグローブやバットをつくって売り始めたのではないか、と。

しかし、材料となる革や木材を調達し、高い品質で商品化し、小売店との良好な関係性を築き、在庫管理を効率化して、顧客の声を新商品の開発にフィードバックする、といったメーカー的なスキルは球団にはありません。（中略）一朝一夕に、ナイキやアディダスといった世界的ブランドに対抗できるはずもありません〉

ナイキが自らデバイスメーカーとなってNike+ FuelBandを開発・販売したのはまさに、レッドソックスがグローブやバットをつくって売り始めるようなもの。無謀なチャレンジだったのかもしれません。

結局、Nike+ FuelBandは、12年の発売から2年ほどで販売を停止することとなりました。

才能を引き寄せるマグネットという最大のアセット

久保田氏の話で、ナイキのデジタル戦略がどのように進められてきたのかはたしかによく理解できましたし、昔からのナイキファンである私にとっては非常に興味深く感じられました。ただ、「自社の本質的なアセットを見つめ直し、新たなビジネスを展開する」という「ズラシ戦略」の定義にカチッとはまるものかと言うと、明確な手応えまでは得られませんでした。

ところが、このインタビューの続きが思わぬ方向に展開したことから、ナイキの「ズラシ戦略」をたしかに感じることができたのです。

ナイキの失敗という流れで、久保田氏は次のようなことを言いました。

「ゴルフクラブなんかもそうかもしれませんね。自分たちの強みを生かしきれなかったというか。カッコいいものをつくることはできたけれども、思ったほどシェアはとれなかったようです」

1996年、ナイキはプロに転向したタイガー・ウッズ（当時20歳）とスポンサー契約を結びました。ナイキの共同創業者、フィル・ナイトがウッズに声をかけたのは、その3年前のことだったといいます。

ナイキはそれまでゴルフクラブやボールを扱っていませんでしたが、ウッズとの契約を機に参入。その後、スーパースターとなっていったウッズの名声を借りながら、ゴルフ事業の拡大を図りました。

しかし、ナイキのゴルフ事業は赤字続き。参入から20年が経った2016年、ゴルフクラブやボールなどの事業からの撤退を決断します。


そんな話を聞きながら、ふと頭をよぎったのは、ナイキがともに歩んできたパートナーたちの姿でした。たとえば、タイガー・ウッズ以上にナイキの〝顔〟となった人物に、マイケル・ジョーダンがいます。

ナイキがジョーダンと契約したのは、1984年。ジョーダンは、ロサンゼルス五輪で金メダルを獲得するなどアマチュアとしての実績は豊富でしたが、契約当時はまだNBAシカゴ・ブルズに入ったばかりの新人選手でした。その後の活躍と彼のスター性については説明するまでもないでしょう。ナイキから発売された「ジョーダン」ブランドのバスケットシューズは、世界中で人気を獲得し続けています。

ジョーダンも、ウッズも、彼らが爆発的な成功を収める前からナイキは契約を結んでいました。そして年齢を重ね、力が衰えたり、競技の第一線から退いたりしながらも、一度つないだ手を離すことはありません。

私は、この「ナイキという価値観を体現するパートナーを選ぶ力」にこそ、「ズラシ戦略」の基盤となるアセットがあるように感じたのです。

久保田氏も、こう話します。

「たしかに、彼ら黒人を起用したことが人種差別に対する明確な〝NO〟を示しているように、契約アスリートがナイキの出す強いメッセージの象徴になってきたことは間違いないと思います。ナイキを辞めてから気づいたことですが、社内の人たちが『ナイキらしさとは何か』について共通の価値観を持っていることが、ナイキの最大の強みなのではないかと思うんです。

それは、ナイキに入ってから叩き込まれたわけではなく、あくまでナイキが外に発信しているメッセージをいち消費者として受け取りながらでき上がってきた価値観や美意識なんです。暗黙知と言い換えることもできるかもしれません。誰もがそれを持っているから、『これはナイキらしい』『これはナイキらしくない』という判断ができるんです」

ナイキのメッセージの発信力に大きく寄与してきた契約アスリートには、ジョーダンやウッズのほか、古くは〝悪童〟の異名をとったジョン・マッケンロー、近年ではセリーナ・ウィリアムズなど、決して「お行儀のよくない」アスリートたちも含まれています。

その狙いについて、『スポーツ・ブランド　ナイキは私たちをどう変えたのか？』（松田義幸著・中央公論新社）では次のように書かれています。

「フィル・ナイトは、なぜテレビCMにこれほどまで力を入れたのか。それは現代人の古いスポーツ認識を変えるためである。認識が変われば価値観、ライフスタイルが変わり、そこに全く新しい概念の市場を創ることができるからだ」

「競合企業のマーケティングは、既存のスポーツに対する認識やライフスタイルに合わせた戦略であった。それに対しナイキは、全く新しい認識、価値、ライフスタイルを創造し、それにフィットする商品を開発し、供給しようとしたのである」

「ナイキ・ガイの中で、マイケル・ジョーダンを除けば、みな、行儀が悪い。たとえばテニスのマッケンロー。試合中に審判によく文句をつけていた。どこに目がついているんだ、まじめに見たのか、俺のボールはラインにのっているじゃないか、と。
しかし、この行儀の悪いマッケンローのパフォーマンスこそ、保守的な現代社会の腐りきった権威に対する反逆を意味し、フィル・ナイトとナイキの企業文化の反骨精神そのものをプレイ（演技）してくれたのである」

ナイキのブランド形成に寄与してきたのは、契約アスリートだけではありません。久保田氏が挙げたのは、「ワイデン・アンド・ケネディ」という広告代理店の存在でした。同社は、ナイキが創業して以来、ナイキのクリエイティブを担い続けてきた歴史があります。

「どんどんコンペをして、その時々でいちばんカッコいいものをつくる会社と組む手だってあるわけです。にもかかわらず、ナイキはこの一社をずっと使い続けている。ナイキの〝魂〟を外に向けて発信し続けてきて、同じ暗黙知を持っている代理店ですし、ワイデン・アンド・ケネディにも、ナイキのクリエイティブに携わりたいと考える、才能あるクリエイターが集まってくる。そういうスパイラルが生まれているのだと思います」

そして、久保田氏は加えました。

「ナイキって、そういう才能を引き寄せるマグネットなんですよね」

その言葉を聞いて、「まさにそれだ」と私は思いました。

数々のスーパースターの契約アスリートたちも、ワイデン・アンド・ケネディのクリエイターたちも、そして遡ればアップルのスティーブ・ジョブズも、みな、ナイキというマグネットに引き寄せられ、パートナーシップを結び、現在に至ります。

アスリートたちは自らのパフォーマンスを通して、クリエイターたちはCMなどの表現を通して、アップルはデジタルサービスのコラボレーションを通して、結果的にはナイキというブランドイメージの醸成、ナイキのメッセージの体現に一役買ってきたと言えます。

マグネットで才能を引き寄せつつ、理念の体現者としてふさわしい相手かを見極める力。そして、一度付き合うと決めたら、とことん長く付き合う〝しつこさ〟。これこそが、ナイキの根底にあるアセットだったのです。

紹介してきたとおり、革新的なプロジェクトのすべてが成功してきたわけではありません。でも、たしかなアセットに根差しているから、高い確率で成功させられる。だからこそ、ナイキは新たなチャレンジを繰り返しながら成長を続けることができるのだろうと思います。

ナイキのズラシ戦略

アセット──**才能を引き寄せ、離さないマグネット（磁力）**

どうずらしたか①

●スポーツ用のスニーカー

藤原ヒロシら

◀◀◀

◆**ファッションアイテムとしてのスニーカー**

どうずらしたか②

●アナログ商品としてのスニーカー

スティーブ・ジョブズら

◀◀◀

◆**Nike＋を先駆けとするデジタルアイテムとしてのスニーカー**

どうずらしたか③

●オニツカタイガー（アシックス）の輸入代理店

マイケル・ジョーダンら

◀◀◀

◆**売上世界一のトップブランド**

KEY POINT

企業として体現したい明確なメッセージを有していることが磁力の源泉。その実現をサポートしてくれる才能豊かなパートナーを探し出し、見極める眼力が現在のナイキの成功を支えている

第3章

ズラシ戦略　実践のためのガイド

1

マーケットのフレームワークから、8つのケースの成功の要因を整理してみよう

第1章で、〈マーケットから見た「ズラシ戦略」〉と〈企業から見た「ズラシ戦略」〉の二つのマトリクスをご紹介したのを覚えていますか？（20ページ・35ページ）

まずは、第2章の各ケースをマーケット・フレームワークに当てはめながら、その成功のポイントをまとめてみたいと思います。

パターンA

すでに世の中に存在する課題に対して、既存の解決策を適応するパターンです。

こう書いてしまうと、一見、そんな新規事業はあり得るの？　と思いますね？　が、ケース1のレッドソックス、2のエイベックス、8のライザップを思い起こしていただくと、（本業から）他産業の既存課題に、（本業の）よりレベルの高い既存解決策を当てはめることによって、新規事業を成功させているパターンという表現ができると思います。

まず、**レッドソックス**について言えば、その**イベント制作能力は、ボストンで活動している地場のイベント制作能力のそれを超えていた**わけです。

ＰＲ能力とスポーツにおける広告代理業に関しては、全国的に見ても差別化できる水準に

事業＝「課題」×「解決策」

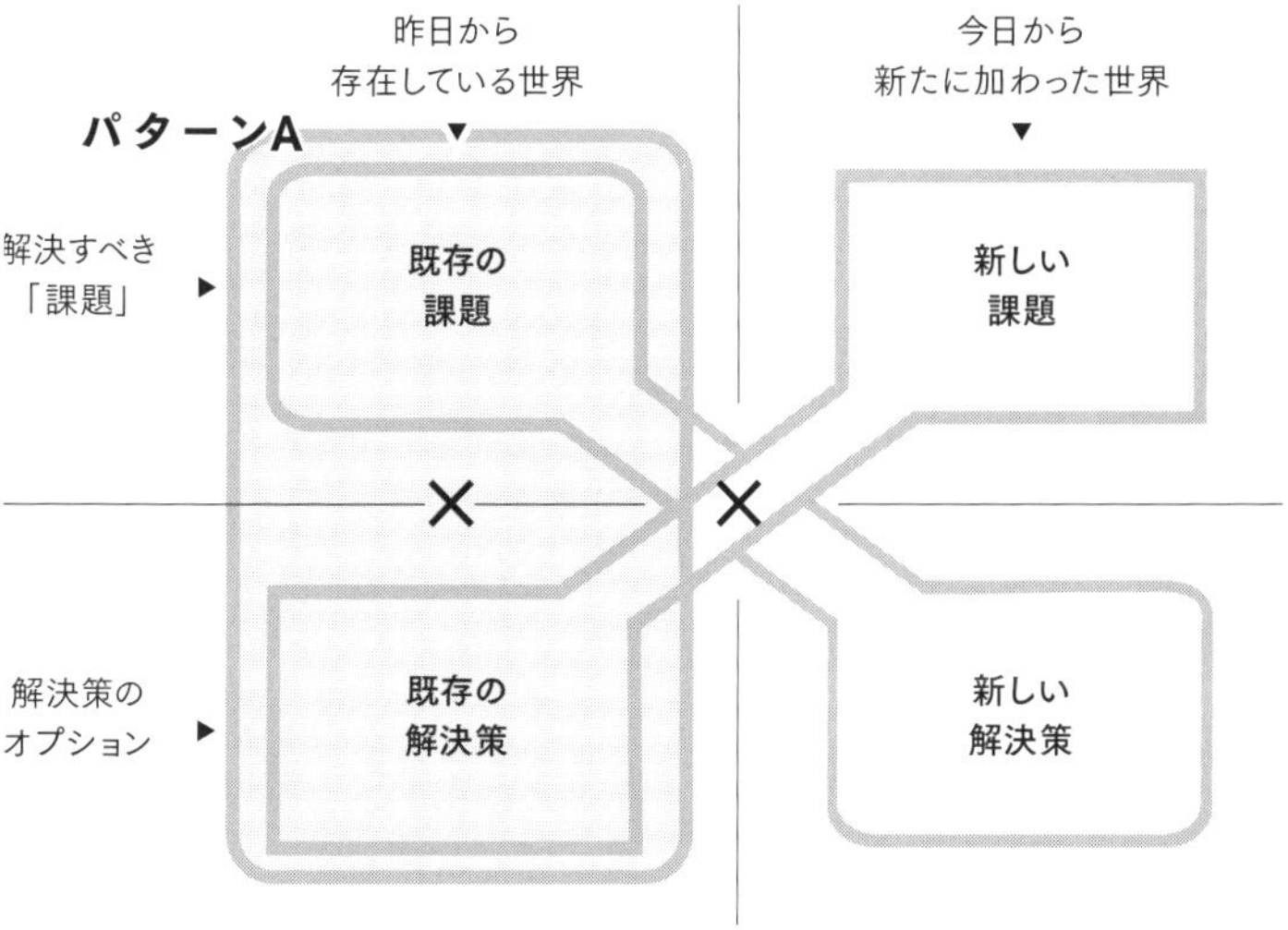

あったことが、ナショナルクライアントレベルの顧客の獲得に結びついたと言っていいでしょう。

選手の代理人業に関しても、レブロンをクライアントとして獲得していることから、ある程度のレベルに到達しているのだと思いますが、これは、代理業のスキルというよりも、レッドソックス（フェンウェイグループ）というブランドが、他のエージェントとの差別化要素になっているからなのかもしれません。

いずれにせよ、アーティストの、ボストンで安心してイベントを行いたい、企業の、スポーツの分野で効果的なマーケティングやPRを行いたい、アスリートの、よい代理人がほしい、という**既存の課題に対して、競合と比べて高いスキルを、他産業から持ってきた**例と言えるでしょう。**同時多発的に「多種の機能でずらしを行った企業」**の例と言えます。

エイベックスも似ています。イベント制作能力を音楽イベントだけでなく、花火など音楽以外のイベントにおいて提供することによって、大規模音楽イベントで培った、その**イベント制作運営スキルが、既存の業者のレベルと比べて優れていた**ことを示して見せました。それによってシェアを拡大していったのです。

エイベックスに関しては、まずは、レーベルからイベント制作へと事業を拡大（新規事業とも言えると思います）し、次に、自社アーティストだけでなく他社アーティスに対しても、イベント制作機能を提供することで、その範囲を拡大していくなど、この**パターンAの「ずらしを継続的に行ってきた企業」**だと言えます。

ライザップに関しては、ボディメイクというジャンルで確実に結果を出すノウハウ（期間中糖質の摂取を減らし、週二度のトレーニングを欠かさない。もっと簡単に言うと、少なく食べて、より多く運動する、という絶対痩せるノウハウ）を、ゴルフのスコアアップや、TOEICなどのスコアアップに結果を出せるノウハウに置き換えて、ずらそうとしている取り組みだと思います。これらの事業の結果が楽しみです。

このパターンAのポイントは、

❶持っているスキルが、新しく参入する産業のそのスキルよりも優れていること
❷そのスキルが事業の差を生むスキルとなること

なのですが、そのチェックはなかなか難しくもあります。

顧客が獲得できるのか、事業が軌道に乗る兆しが見えるのか、まずは、**小規模スタートして、テストしながら改良を続けるのがよい**でしょう。

おそらくこの3社はそれを行いながらのスタートだったはずです。

パターンB

パターンBは、**すでに世の中に存在するニーズに対して、新しい解決策を提供する**パターンです。第1章で書いたように、このパターンでは技術革新が活用されることが多くなります。ケースで紹介した、3ミクシィ、4ベイスターズ、5日本交通がその例になります。

ミクシィに関しては、暇つぶししたい、ゲームで遊びたいという昔からある課題に対して、**数々のプレーヤーが混在するこのマーケットに、SNSの技術を導入した**ことが爆発的なヒットをもたらしたというケースでした。

ひとりで楽しむことが多かった携帯ゲーム（昔はファミコンを囲んで友達と盛り上がるなんて光景もありましたが）に、友達とワイワイ集まって盛り上げる要素と、友達を紹介して広がっていくネットワークと連帯感（まさにSNSが拡大していくときに使われる技術）が、ゲーム業界には新しい解決策として使われ、メガヒットを生んだケースです。

ベイスターズは、ケース中に書いた顧客の定義のずらしという表現をもう少し平たく述べると、ベイスターズがかつて営んでいた**野球というB to Bビジネス**（**広告営業や放映権交渉**）

事業＝「課題」×「解決策」

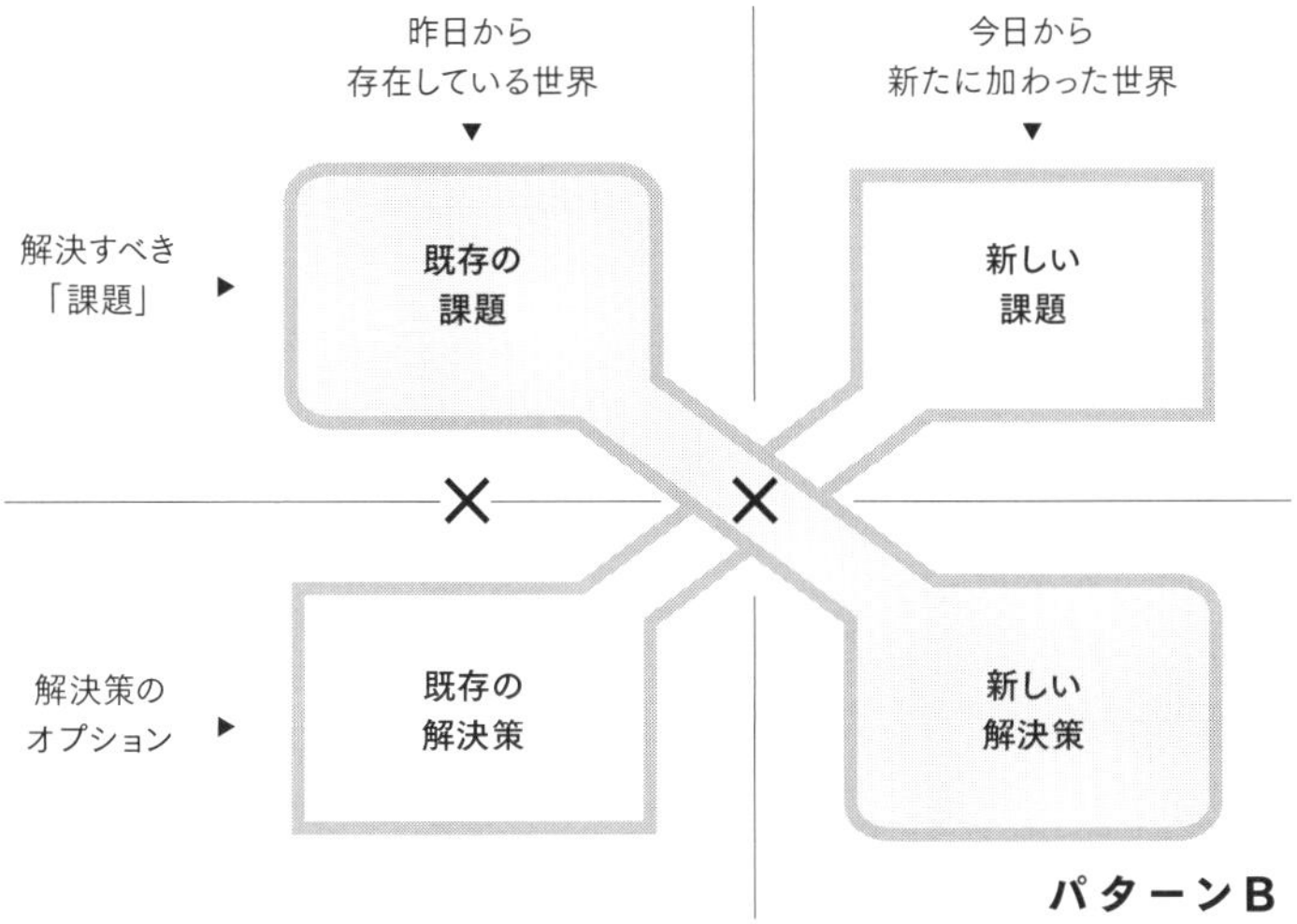

に、ＢtoＣビジネスのスキルとＩＴ技術を導入したことによってもたらされた成長とずらしという話なんだろうと思います。

日本交通はわかりやすいですね。タクシーを自分のところに簡単に呼びたい、という**古くからある課題に、新しいアプリというＩＴ技術を導入した**だけです。

　このパターンBの3社については、パターンAと違って、それぞれ微妙に背景やモチベーションが異なっていることは述べておきたいと思います。

ミクシィは、急成長していて利益率の高いゲーム産業に目をつけて、自社の持っているSNSサービスを拡大させる技術を混ぜ込んだ。言うならば、トップレベルのサーファーがいる大会（IT企業各社がうごめく産業）に、大きな波を選んで、自分だけ新しいデザインで優れた操作性のサーフボードを持っていった感じ。

ベイスターズは、DeNAを主語にすると、野球界参入は決めていて、自分たちだったらどう経営するかという工夫のなかにIT技術とB to Cビジネスのスキルを入れている。つまり、近所のサーファーたちしかいないビーチに新参者として入り込み、乗る波は決して大きくはない（決して超成長産業でもないし、利益率も本業と比べて高いわけではない）けれど、そこで安定して一番になれるような優れたボードを持っていた感じ。

日本交通は、ずっといる地元のビーチで、自分で独自に世界のトップサーファーたちが乗っているサーフボードを観察して、自分で削り出し、荒削りだけど、地元では誰よりも優れたボードを手に入れた。そんなパターンかなと。

3社に共通して言えるのは、アプリでゲームをつくる技術、野球という興行を成立させる技術、GPS機能を搭載したアプリをつくる技術と、いずれも技術そのものは、コモディティで、つまり同じことをできる会社はほかにも存在していたけれど、その中で、決定的な差別化要因を持っていたということです。

ミクシィのSNSで一世を風靡したノウハウ、DeNAのB to C分野においてIT技術でさまざまなヒットサービスをつくってきたノウハウ、日本交通のタクシー業界への強い影響力。

コモディティをずらしても意味はありません。**ずらすのは、この根本的な差別化要因**です。そうでないと、新規事業はうまくいきません。それが、このパターンのズラシ戦略のポイントです。

パターンC

パターンCは、**新しい課題を、既存の解決策やアセットを活用して解く**パターン。ケース6のドジャースと、7のTYOです。

ドジャースも、実は多くの会社と同じような環境に置かれていて、既存ビジネスの飛躍的な伸びが期待できないなか、自社が持っているスキルやアセットで何か新しいビジネスはできないかと考えていました（ドジャースの営んでいる野球ビジネスは華やかそうですが、歴史は古く、放映権というリーグ主導でつくった近代のビジネスモデルはあるものの、チームビジネスは相変わらず、チケットを売

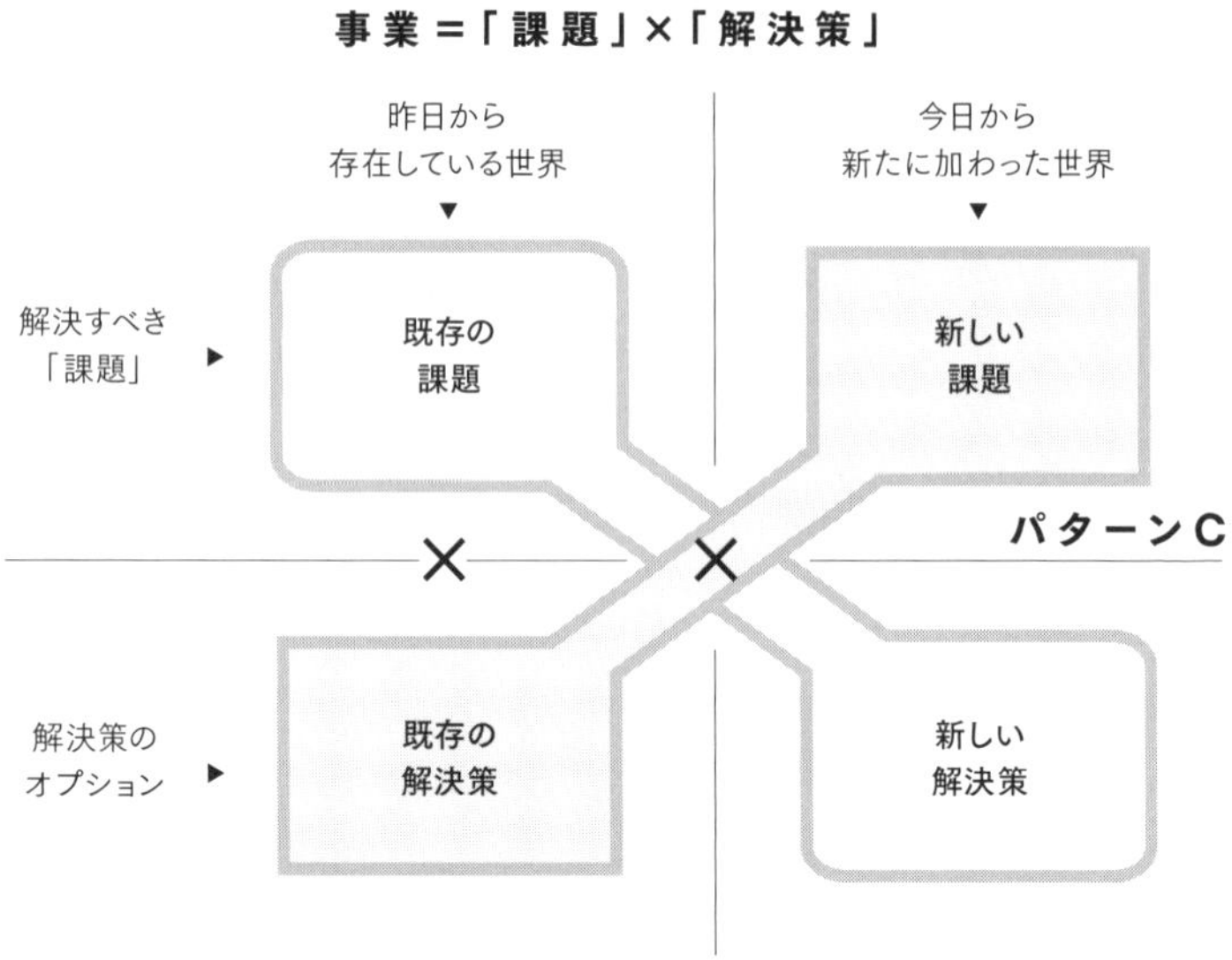

る、スポンサーを募るなどクラシックなままでした)。

昨今の若い世代の起業ブームで増加した、スポーツ憧れ世代の若いITベンチャーがスポーツ界で事業を行いたいのに、スポーツ界は閉鎖的で新たにコネクションを持つのはなかなか難しく、膨大なデータなどへのアクセスもできないという課題に目をつけたわけです。

ベンチャーの目利きや育成機能はR／GAと組むことによって外部獲得し、ドジャーズ自身の差別化要因であるスポーツ界への強力なコネクションや、蓄積してきた長年にわたる膨大なデータへのアクセスを最大のアセットとして、提供したのです。

ベンチャー選定と育成機能を提供するスキルは、コモディティとは言わないまでもある程度は獲得可能ですが、ドジャースが提供するスキルやデータは、ベンチャー界にとっては大きな差別化要因となりました（スポーツ界から見ると、他のチームも提供可能であったと思いますが、最初にやったドジャースの先見の明が差別化となったのでしょう）。それがポイントです。

ドジャースは、アメリカの巨大なスポーツ産業のなかでも、野球という大きな産業に所属していて人員も豊富、また他の4大スポーツと比べてもデータが豊富、ビッグマーケットに本拠地を置いていて球団に財力があり、西海岸という立地からベンチャーカルチャーとの親和性もある。

さまざまな要件が整い、ドジャースだから成功できたのでしょう。

サンフランシスコ・ジャイアンツ（西海岸のもう一つの大きなチーム。しかしブランドや事業規模はドジャースのほうが大きい）やヤンキース（MLBで一番の規模とブランドと言えるけれど、東海岸）もやればできたでしょうけれど、そこは最初にやったというアドバンテージがあったのです。

TYOが目をつけたのは、CMを打ちたいベンチャーの課題でした。

BtoCのベンチャー企業がブレイクするために、テレビCMは非常に効果的なのですが、ベンチャーなので、なかなかその資金をつくれません。全国ネットでCMキャンペーンを打つ予算は5億などと言われていますから、ベンチャー側が、その効果を確信していても、資金を出資するベンチャーキャピタルからは、CMに投下するくらいなら、アセットになるエンジニアを採用してほしいなどと、たしかにまともなことを言われてしまう……こんな新しい課題があったことに目をつけたわけです。

TYOがCVC（コーポレートベンチャーキャピタル）をつくって、出資する。そして、その出資した資金をCM制作とキャンペーンに使う。ベンチャーのサービスの知名度はアップしてブレイクする。TYOの十八番のスキルは活用され、ベンチャーの価値がアップし、株式の上場や売却が成就すれば、従来のCM制作よりも大きなリターンがTYOに提供される。

まさに、新しい課題に対して、既存のスキルでずらしている新規事業です。

この場合も、ドジャースと同じで、ベンチャーの目利き力などは外部調達しました。この場合の差別化要因は、ベンチャーの目利き力ではなく（提供できるプレーヤーはたくさんいる）、日本トップクラスのCM映像制作のスキル（これだけだとほかにも提供できる会社はある）と、ファーストムーバーだったことにあるでしょう。

このパターンCは、新しい課題に、既存のスキルで解決策を提供するわけなので、パターンAやBと比べて、**スピードが非常に重要な要素**となります。

スピード優先で、**差別化にはならないけれど構成要素として不可欠なスキル（コモディティの部分）は迅速に外部調達**することです。

この場合、**企業買収や人員採用よりも、業務提携**が個人的にはよいと思います。理由は、新規事業においては、獲得スピードの速さだけでなく、まずは持ち合わせているスキルが差別化要因になるのか試しながらのスタートがよいと思っているからです。

こうして整理すると、

❶パターンAからは、自社のスキルやアセットが他産業のそれよりも優れていること

❷パターンBからは、自社がもとから持っているスキルやアセットが差別化要因となり得ること

❸パターンCからは、とにかくスピード重視であること

こんなシンプルな教訓が出てきますね。

以上を踏まえて、自社のずらしの考え方を検討してみてください。

2

自社で、新規事業を見つけ、成功させるポイントを知っておこう

カンパニー・フレームワークから、ケースのズラシ戦略を整理する

次に、同じケースを、カンパニー・フレームワークで整理してみましょう。
マーケット（市場）からの整理とは異なり、自社から見た整理になるわけですが、

X　事業領域を変えて、既存スキルを提供するパターン
Y　同じ事業領域で、異なるスキルを獲得するパターン

の2つに分類できます。

Xには、1のレッドソックス、2のエイベックス、3のミクシィ、8のライザップが該当します。
Yには、4のベイスターズ、5の日本交通、6のドジャース、7のTYOが入ります。

こうしてみると、

①自社のスキルがはまる産業はないか（X）
②自社が活動している産業に新しい課題はないか（Y）

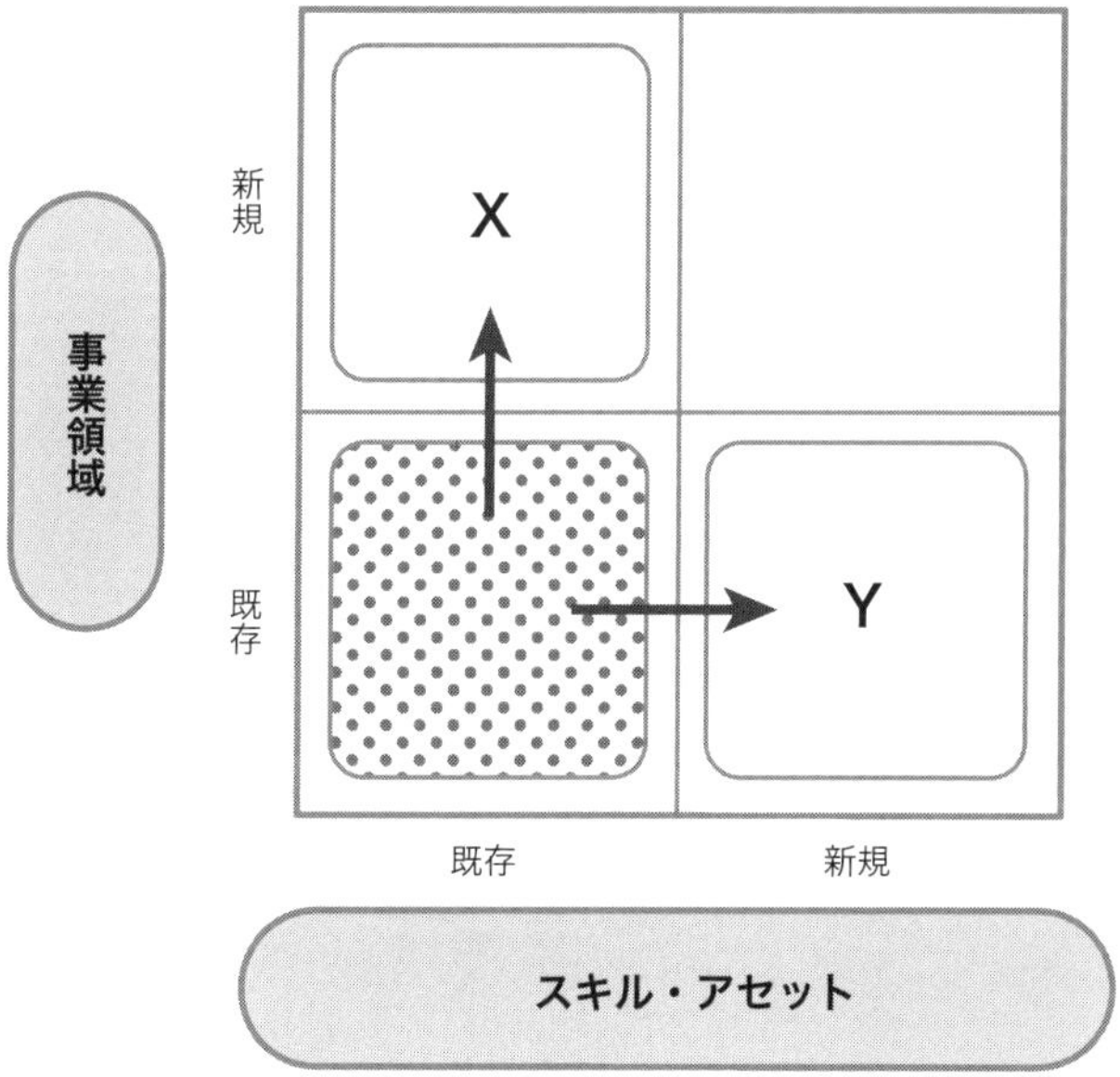

という2つの視点で検討を進められるので、社内に新規事業の検討のスタートを促す段階では、シンプルでよい整理だと思います（頭の固い重鎮の説得にはこれがシンプルかも）。

一方で、担当者は、常にマーケットを意識した「ずらし」を念頭に置くべきなので、前述のマーケット・フレームワークの整理を加えると、

誰の、何の課題を、
何によって解決する事業なのか、

が見えてくると思います。

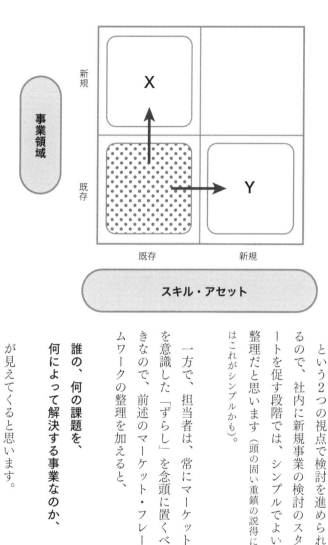

自社で新規事業を検討するノウハウ

さて、自社で検討するノウハウについて簡単にご紹介しておきましょう。

次のステップで行います。順に見ていきましょう。

［ステップ1］自社が同業他社と比べて優れているスキルやアセットのリストアップ
［ステップ2］リストアップした自社の誇れる強みを活用できる業界を見つける
［ステップ3］ずらし先の業界で、そのスキルやアセットに優位性があるかのチェック
［ステップ4］実行できる社内の体制を整える

［ステップ1］
自社が同業他社と比べて優れているスキルやアセットをリストアップする

自社が同業他社と比べて優れているスキルやアセットは何か？――これは、比較的日々考えていることだと思います。ケースに取り上げた8つの企業のそれをまとめてみます。

レッドソックス　他球団との比較で、イベント制作、PR、スポンサー営業能力など
エイベックス　日本で活動するイベンターとの比較で、イベント制作能力
ミクシィ　日本発のSNSサービス提供者に対して、SNSサービスを広げるスキル
ベイスターズ　DeNAのITにおけるライバル会社に対して、BtoCのITサービスを流行らせるスキル
日本交通　他のタクシー会社、タクシー業界への影響力
ドジャース　北米の他スポーツチームと比べて優位性を持つ、米スポーツ界へのネットワークと蓄積されたデータ
TYO　他の映像制作会社と比較して優位性を持つ、CM制作能力
ライザップ　他のダイエットプログラムと比較して優位性を持つ、結果の出るノウハウづくりと徹底させるスキル

継続して企業活動を行っている企業には、それぞれ、日本一や業界トップといったレベルでなくても、自社が誇れる強さというものが必ず存在します。それを見つける作業です。

映像制作会社の映像制作スキル、という具合に、とてもシンプルな場合もあれば、オーナ

ー企業に対する営業力、といった具合に見えにくい場合もありますが、存続している以上、そのプロセスで獲得しているスキルが、どの会社にも必ずあります。あるからこそ企業として成り立っているとも言えます。

それを見つける作業を楽しみながら、行ってみてください。

ライバルA社と何が違うんだろう。会社の歴史を振り返りながら、社長の人柄？　とか、偶然？　とかからのスタートでもよいので、見つめ直してみてください。

いまの自社が、その産業領域でポジションを持っているのは、どうしてなんだろうと。

ポイントとしては、

❶できるだけ**属人的なスキルでなく、組織として持っているスキルやノウハウ**が望ましい。

その人が辞めちゃうとどうなるの？　その人の担当が新規事業になったら、既存事業はどうなる？　などと想像してみると、見えてきます。

❷は、**再現性の高いスキル**であることが望ましい。

一発のまぐれも実力のうちですが、一発のまぐれを引き起こす要因となった要素を紐解くことです。

ドラフト会議で、優秀な選手を獲得することは、複数球団で競合してくじ引きになって、くじを当てたにすぎない、ただのまぐれだとすませるのではなく、そこに至るプロセスがあったはずだと考えるわけです。

そのうえで、他球団のスカウトとの情報交換を進めていたからこそ獲得の確率がアップしたということになれば、その球団のアセットとして、他球団のスカウトとのネットワークが浮上します。

そのネットワークが、個人に属するものでなく、球団に属する場合、そのネットワークを活用した新規事業ができるかもしれません。たとえば、スカウトたちにとって、使い勝手のよい学生を含むアマチュア選手のデータベースの要素を持ったSNSとか。その選手の小学校から大学までの監督やコーチが日々、その選手と向き合ったメッセージがSNS上に残っていて、数字では読み取れないその選手の特徴がわかる新規サービスとか。

いま、この瞬間思いついただけのジャストアイディアですが、新しい事業に自社のアセットを使って取り組むイメージが少し湧いてきませんか?

［ステップ２］

リストアップした自社の誇れる強みを活用できる業界を見つける

これもまた、ブレスト力が問われる議論になりますが、ステップ１で浮上した自社の強みが具体的であればあるほど軽快に進みます。ここでは、ライザップの例がおもしろいでしょう。

ライザップの瀬戸社長がよく言うのは、ライザップは糖質制限の普及活動をする企業でもなければ、ボディメイクをコアなアセットとする会社でもない、ということです。

では何か？　と言ったら、「目標がある人がいて、その目標の達成に対して、再現性の高いノウハウを見つけて、それを徹底させることができる」、それが、ライザップのアセットだと。

つまり、人の目標達成を実現させることができる企業、彼の言う「人は変われる」が会社の根幹にある価値観だというわけです。

もっと嚙み砕くと、人に自慢できる体を手に入れる、という望みは、運動をしっかり継続的に行い、食べるものをコントロールすれば、誰だって実現できる。それを継続することが難しいだけで、ライザップはその効果的なやりかたを見つけて、継続させるノウハウを持っている。食べないで運動すれば痩せると言ってしまえば雑ですが、そこまでシンプルなノウハウを見つけて、徹底する。

これを、「人は変われる」を合言葉に、ほかに活用できる分野を探し、ゴルフのスコアアップや、TOEICのスコアアップに転用したということだと思います。知り合いの経営者が、ライザップイングリッシュに入ろうとして、カウンセリングを受けたら、勉強時間をX時間確保できますか？　と問われ、難しいと答えると、それではスコアアップにコミットできない、と入会を勧められなかったそうです（笑）。結果にコミットできる仕組みに乗れない人にはコミットしない方針を貫いているんだなと思いました。

自社でいまのような議論を展開できるとだんだん本質的な強みが見えてくると思います。

どんな業態にもあります。たとえば、個別指導塾では指導方針がうちはユニークだと考えがちですが、大規模な事業を展開するにあたっては、それですませては先に進めません。

本当にひとりひとりの講師の質だけが差別化要因なのか。的確なメッセージを的確なメディアを通して、的確なターゲットに伝えることが上手だったからではないのか。だとしたら、BtoCの教育事業に特化したPR事業でも、大手代理店に負けないのでは？　など、自分が属している業界の外の業務を意識してずらす視点が大事です。

業態が隣地だと、競合も気づくし、大きな差別化にはつながらないかもしれませんので、「基本」には反しますが、あえて事業領域の飛び地へのずらしも意識して検討する意識を忘れないことです。

さらに言うと、ライザップの例もレッドソックスやエイベックスの例もそうですが、**自社のスキルやアセットをそのまま使える**ことが望ましい。議論しているうちに、だんだんと、自社のスキルを進化させないと成立しないような事業へと楽しくて拡大していってしまうことが多いのですが、そのまま使えるアセットやスキルを用いるほうが成功の確率は高くなります。

これは、後で書くように、私自身の失敗例からも、自信を持って言えます（笑）。

［ステップ3］

ずらし先の業界で、そのスキルやアセットに優位性があるのかをチェックする

あからさまに差が見えることもまれにありますが、多くは、やってみないとわからないものですので、**スモールスタートを切ってみる**ことが何よりも大事です。

ライザップの英語やゴルフはまさにそれで、全国展開はせず、データがとれて、管理もしやすい環境で、スモールスタートしている段階だと思います。

この段階で、バリエーションを試しながら、勝利の方程式が見えてきたら本格展開、という流れをなるべく早く実施し、サイクルも早く検証していく。そして、致命的な欠陥が見つかったら、損切りも恐れず、すぐに引く。

目的はその新規事業の成功ではなく、自社のアセットを活用して新しい収入源を自社にもたらすことと置き、手段にこだわらずチャレンジを続けることです。

これから書く、弊社フィールドマネージメントの10の新規事業はまさにそんな様子がよく見えるケースだと思います。

［ステップ4］
実行できる自社の体制を整える

最後に、とても大事なステップがあります。

立派なずらしが実現しそうな事業計画が立案されても、実現する事業と、実現しない事業があります。もちろん、競合の新サービスの導入や、顧客ニーズの変化、思わぬ技術革新が起こったなど、市場環境の変化によって、実現しないこともありますが、実は**実現できないいちばん大きな要因は、社内にあることが多い**のです。

私が関わってきた数々の新規事業プロジェクトで、前述のステップ1、2、3を華麗にこなしても、何も起こらないことがありました。その反省から、ステップ1、2、3を踏まえたうえで、次の4つの要素を担保するようにしています。

①責任者がいて

②サイザブル（会社として意味のある規模感）で

③本業への影響が少なく

④お尻に火がついている

本書で取り上げた日本交通やTYOといったケースは、この4つの要素を満たしていましたし、いま、フィールドマネージメントで取り組んでいる新規事業プロジェクトは、この4つの要素が満たされない場合は、プロセスを中断してでも、それを担保するようにしています。幸いなことに、競合や顧客や技術規制などの市場環境よりも、自社内の課題なので、コントロールしやすく、改善可能なものです。

少し説明しておきましょう。

①責任者がいて

・役員クラスである（ポイントは取締役会などの意思決定機関に影響力があることで、肩書きにこだわるわけではありません。社長主導の新規事業がうまくいきがちなのは、社長の能力が必ずしも優れているからではなくて、通せちゃう、予算とれちゃう、やりきるまでみんなが見守るからです。その状況をいかにつくれるかが、プランの緻密さと同じくらい大事です）

・リスペクトされている（彼の実績や経歴、センスなど信頼が厚いのと、ライカブルな人柄。これは結構注視します。つまるところフォロワーシップが得られるかどうかなので、恐怖政治もあり得るのですが、新規事業という前向きな取り組みなので、前向きでチャーミングな人柄が意外にカギを握ります）

②サイザブルで

・その事業から期待される売上・利益が、会社全体から見て、意味のあるサイズであることは、とても大事です。子育て感覚で、レモネードをガレージ前で1ドルで売る子どもを見守るお父さんという図をアメリカではよく見かけますが、これが会社だったら、お父さんは真面目にレモネードなんかつくりません。

人材育成という名のもとにやっている新規事業はほぼうまくいきません。**成功したときに、会社の大きな柱となるような規模感が必要**です。

・**会社の未来の事業として誇れる事業であること**は、非常に大事です。創業以来大事にしてきているフィロソフィーに反するものではないか、事業の内容が、社員たちが誇らしく語れるようなものか、自分が新卒に戻ったとき、この会社にもう一度就職したいかなどと考えることは大事です。

③本業への影響が少なく

・実現のために異動する担当者たちの現業への影響はカバーできるのか。実現にやっきになりすぎて、新規事業に組織中のエースを集めて投入することで、既存事業の成長が鈍化する。こんな状況に追いやられると、既存も新規もうまくいきません。バランスのとれた人事で新規事業に取り込めていけるかどうかが大事です。

・その新規事業への取り組みが、既存事業とのカニバリが発生しないか。というのは、自社のライバルをつくってしまう場合や、下請け業だと仕事をくれる発注業者の仕事をとってしまう場合、または主要取引先の事業をとってしまう場合もあります。

もう少しわかりやすく言うと、トヨタのディーラーが、できのよい電気自動車をつくると、トヨタはおもしろくないとか。CM映像制作会社が独自で広告主への営業をすると、広告代理店はおもしろくないとか。携帯ゲーム会社が、ゲームを超えるおもしろさの動画配信サイトをつくってしまって自社ゲームの利用者が減るとか。

特に隣地での新規事業は、このシミュレーションが大事です。

④お尻に火がついている

・会社としても、新規事業がないと未来が困難なものになることを痛感していること（既存事業の売上が伸びない、利益率が下がっている、代替品が技術革新により登場することが目に見えている、特許が切れるなど）。

・成功した場合、担当者も自分の評価や社会人としてのキャリアにメリットがあることを認識していること、明確にされていることが大事です。責任者はやる気でも、担当がやる気がない、ただの業務としてこなしているという状況を驚くほど多く見かけるからです。

新しい技術の習得でもよいし、社内評価が既存事業での成功と同じくらい評価される、でもよいし（これが意外に整っていません。評価の仕方がわからない、新規のＫＰＩをつくらないといけないため）、社外での評価アップ、つまりビジネスマンとしての評価アップにつながる、でもよいでしょう（知名度のある新規事業を立ち上げたメンバーは、ヘッドハントされたりするご時世です。本来、ヘッドハンティングなどとは縁のない業界の人材でも、最近は新規事業立ち上げ後、移籍したり、という動きをよく見ます）。

3

私の会社のズラシ戦略の成功談と想定した結果には至らなかったケース、公開します

ここまで、他社の事業分析を通じて「ズラシ戦略」がどのように行われているかを解説してきました。

ここからは、弊社フィールドマネージメントの過去の新規事業を振り返りながら、「顧客ずらし」を実践するうえで大切なチェックポイントを導き出してみたいと思います。そうすることで、〝ずらし〟への理解がさらに深まると同時に、読者が〝ずらし〟を実践する際、その成功確率を高める助けになるのではないかと思いますので。

フィールドマネージメントは2019年9月、創業から10周年を迎えます。歩んできた道を振り返ると、コンサルティングファームでありながら、コンサルティング以外にもさまざまな事業に挑戦してきました。

成功した事業も、必ずしも成功したとは言えない事業もありますが、それらを「ズラシ戦略」の観点からとらえ直すと、成功の要因が浮かび上がってくるように思います。

まず、「ズラシ戦略」のセオリーに則って、自社の強みとなるアセットは何かを見つめ直してみると、次のように定義できるのではないかと思っています。

「法人の意思決定者を説得する力、それによってまだ目に見えないものやアイディアを信じてもらう力」（簡単に言うと法人のトップ営業になりますが。笑）

当初からそれを意識して事業展開してきたわけではありませんが、いまになって振り返れば、うまくいった新規事業は、この営業スキルを上手に〝ずらし〟ていたなと思うのです。

それでは、弊社が創業以来取り組んできた数々の新規事業の中でも主だった10の新規事業について、「ズラシ戦略」の観点から駆け足でたどってみたいと思います。

①価格比較アプリ『ショッピッ』

創業からまだ間もないころ、マッキンゼー時代の後輩でもあり、学生時代に起業経験のある柴田陽氏とともに、彼には弊社のコンサルタントとしても活動してもらいながら『ショッピッ』というアプリを開発し、運営していました。自分のスマートフォンを使って店頭で商品のバーコードを読み取ると、Amazonや楽天など大手ECサイトとの価格比較から最安値を見つけ出せるアプリです。このサービスは、11年に、ＩＭＪモバイル（当時）にイグジット（売却）することができました。

コンサルティング会社が、アプリを開発し、それを事業会社に売却する――これを「ズラシ戦略」的な見方で考えると、2つのポイントがあります。

まず、「アプリの開発・運営」というスキルについて。これはもともとコンサルティング会社に備わっているスキルではなく、この新規事業のために柴田氏が中心となって「獲得したスキル」と言えます。今後また新規事業を展開するときに使える武器、ツールが一つ増えたということです。

次に、イグジットに必要だった「サービス・事業を売却する」というスキル（ノウハウ）について。これもまた、本来的には戦略コンサルであるフィールドマネージメントにそもそも備わっていたものではありません。

ただ、弊社の強みであるアセットを思い返してみると、どうでしょう。

普段の事業活動の中では「法人の意思決定者を説得する力、それによってまだ目に見えないものやアイディアを信じてもらう力」を「コンサルティングサービスの営業活動」に使っているわけですが、ショッピッのケースではそれを「サービス・事業を売る」ことにずらしただけ、と見ることができます。

対象としてはコンサルティングサービスよりも事業として回り始めているアプリのほうが形が明確ですから、その規模感にもよりますが、法人にその価値を伝えることは、コンサルティングサービスの営業活動よりハードルは高くないとも言えます。

当時のＩＭＪモバイルがモバイルサービスの買収に意欲的だったこともあり、ショッピッの売却が実現しました。

②『青山花壇』

当時、ショッピッと同時に進めていた事業として『青山花壇』というサービスがありました。企業秘書をターゲットとしたサービスで、取引先のお祝いに贈る胡蝶蘭などの花の手配を代行する、というものでした。

戦略コンサルが持つ「企業の経営者との人脈」をアセットと見て、そこに紐づく秘書のニーズを取り込めるのではないかと考えたのです。

しかし、結論から言えば、これは成功とは言い難かったかもしれません。

「経営者との人脈や接点＝秘書との接点」という前提に飛躍があり、また経営者からすると自分が決定して指示するほどの事項でもないため、「この花屋さんも検討してみて」という程度となり、すでに利用している同種のサービスから青山花壇に乗り換えさせるほどのアクションは生まれなかった。

青山花壇のサービス内容が他社と比べて差別化するほどのものではなかったことに加え、秘書個人と関係性を持っているわけではなかったというのが、振り返りです。

結果的に経営者の判断の範疇から外れたところにある事柄で、強みであるはずの「法人の意思決定者（特に経営者）を説得するスキル」は使えなかった。「経営者との付き合いが多い→秘書も巻き込める」という発想で事業を描いたところに間違いがあったのだろうと思います。

レッドソックスが野球の新規事業を始めようとして、ノウハウがないバットやグローブの製造販売に乗り出すようなもの。いま思うと、持っているアセットが事業の成功と直結していないことで「ズラシ戦略」が成立しない典型的な例だったのかもしれません。

③『スマポ』

再度、柴田氏と一緒に取り組んだ新規事業が『スマポ（スマートフォンポイント）』です。

これは、アメリカで開発された『Shopkick』の日本版とも言えるもの。Shopkickとは、店に立ち寄るだけでポイントを与えるチェックインサービスで、家電の『Best Buy』やスーパーマーケットチェーンの『Target』、アパレルの『American Eagle』など大手量販店が導入したことで当時大きな話題となりました。

以前から同じようなサービスはありましたが、既存のサービスはGPSを用いていたため、実際には入店していない、あるいは違うフロアにいるなどの状態でもポイントを与えてしまうといった粗さが課題でした。Shopkick は、(耳では聞こえない)高周波音を発する携帯電話ほどのサイズのビーコンを店舗に設置し(大型店舗では複数)、売り場ごとに異なる周波数の音を設定し、キャッチできる範囲をボリュームの大小で調整し、それをスマートフォンのマイクで拾うという仕組みを採用することで、店舗内にいるかはもちろん、フロアの特定や、場合によっては、売り場の特定も可能であるほど精度を向上させました。

つまり、ポイントを得るには、客は実際に入店したり、陳列された商品の近くまで行ったりする必要があるため、店舗側としては客の誘引に大きな効果を期待できるようになったのです。

その日本版としてスマポは開発されました。さまざまな企業に導入を持ちかけた結果、サービス開始時点では東京・山手線内を中心としたエリアでの展開で、ビックカメラやユナイテッドアローズ、大丸など、名の通った大手小売りに採用してもらうことができ、市場にそれなりのインパクトを与えることができました。

このスマポサービスは、13年、楽天に買収されました。売却額は、報道ベースで「数十億円」。非常に大きなリターンにつながりました。

これは、②で紹介した青山花壇の反省を経て、①のショッピッを拡大的に応用した事業展開と位置づけられます。

ショッピッで獲得した「アプリの開発・運営」というアセットを活用しつつ、「法人の意思決定者を説得する力」というアセットの使い途を「コンサルティング」から「スマポ導入」にずらしたのです。コンサルティングファームでありながら、スマホアプリというまったくの異業種で成果を出せたのは、その「ズラシ戦略」が成功したからこそだと思います。

そして、売却交渉においてもやはり「法人の意思決定者を説得する力」というアセットが生きることになりました。

④『チケットスター』と、楽天チケットの事業再生

柴田氏と同様、マッキンゼーの後輩で、弊社のコンサルタントとして活躍しながら新規事業を立ち上げたのが、松居健太氏。彼が開始したのは、『チケットスター』というWEBサービスでした。

これも『StubHub』というアメリカの先行事例の日本版とも言うべきサービスで、各種チケットのネット販売に加え、オークションなどを活用し、チケットの二次流通市場の創出を目指してスタートしました。

事業の初期段階では、当然ながら、取り扱いチケットを増やすための営業活動を重点的に展開しました。大手の音楽事務所や制作会社などを回り、エイベックスや乃木坂46などのチケット取り扱いを開始、順調なスタートを切ることができました。

実は、スマポの売却実績もあったことから、チケットスターについてもイグジット先として楽天を視野に入れ、早い段階から交渉を重ねていたのですが、ちょうどそのころ、楽天の側には、子会社が運営しているチケット事業（楽天チケット）をターンアラウンドしたいというニーズがありました。そこで、単にチケットスターを売却するだけではなく、松居氏が楽天チケットの社長に就任して、チケットスターとのサービス統合と、楽天チケットの事業再生までを一つのプロジェクトとして行うことに。

結果として、楽天チケットは、チケットスター由来の新たな機能を付加しつつ事業拡大に成功、数年後には黒字化を達成することができました。

チケットスターが初期段階から大手音楽事務所や有名なアーティストのチケット取り扱いを獲得できたのは、フィールドマネージメントが得意とするところの「法人の意思決定者を説得する力」が生かされた形です（コンサルティングサービスの提案作業から、初めて足を踏み入れるチケットを取り扱わせていただく提案へのずらし）。

そして、イグジット先を見つけたり交渉したりするのも、スマポ売却時と同様、「法人の意思決定者を説得する力」というスキルの転用です。

もちろん、楽天チケットのターンアラウンドでは、コンサルティングという本業のスキルが存分に発揮されました。

「顧客ずらし」の観点から振り返ると、**もともとのコンサルティングスキルと、「法人の意思決定者を説得する力」の異分野**（チケットや事業売却）**への転用**がうまく組み合わさり、大きな成果につながったケースだったように思います。

⑤フィールドマネージメント・グロースパートナーズ

ここからは、投資に関する新規事業です。

14年、『フィールドマネージメント・グロースパートナーズ（FMGP）』というファンドを設立しました。一般的な投資ファンドは、まず投資家から資金を集め、次のステップで、投資してターンアラウンドすることによりバリューアップできそうな案件探しに入りますが、FMGPはサーチファンドという投資モデルを採用することにしました。要は、まず投資できそうな企業を見つけ出してから、その次に投資家を募る手法です。

FMGPが目をつけたのは、ヨガスタジオ大手『ヨギー』を運営する株式会社ロハスインターナショナルでした。FMGPは同社に投資するとともに、経営者を送り込んで、企業としてのバリューアップに取り組みました。現在では全国20カ所以上にスタジオを構えるようになり、最終的にFMGPからイグジットすることに成功します。

サーチファンドを開始する難しさは、案件を見つけてくることに尽きます（もちろん実際のターンアラウンド作業も肝となりますが、それはコンサルファームの強みを、ずらすことなく発揮すればよいので）。つまり対象企業に出資している既存株主の理解を得ることにあります。「ズラシ戦略」という意味では、弊社の「法人の意思決定者を説得する力」というアセットを、対象事業の投資家（や既存株主）の説得に生かす（ずらす）ことができた、と言えるでしょう。

ただ、実のところ、私はこの事業が大きな成功を収めたとは考えていません。たしかに利益を得ることはできましたが、投下した時間を考えると、それに見合うほどの大きなリターンだったとは言えないのです。むしろ、本業のコンサルティング案件として、より大きな同業の事業体のターンアラウンドに取り組んでいたほうが効率はよかったのかもしれません。

コンサルも、サーチファンドも、企業経営を立て直し、その価値を向上させるという点においては共通しており、類似した職務と言えます。しかし、やはり対価の取得法を投資の回収（売却）という形にする場合、当時のフィールドマネージメントには、投資家目線やノウハウが備わりきっていなかったという反省点があります。

コンサルティングと明らかに異なるのは、ファンドは企業を売り買いするのが仕事だという点。もちろん経営状況を改善することは重要ですが、それと同時に、買い手にとって魅力的な企業、買われやすい企業に仕立て上げていくプロデュース能力も重要なスキルであり、売却額に大きな差をもたらすことを学びました。

⑥フィールドマネージメント・キャピタルとフィールドマネージメント・ベンチャーズ

ＦＭＧＰからの学びを生かしつつ新たにスタートした投資事業が、フィールドマネージメント・キャピタル（ＦＭＣ）とフィールドマネージメント・ベンチャーズ（ＦＭＶ）です。

これらはともにコーポレートベンチャーキャピタル（ＣＶＣ）と呼ばれるもので、特定の企業から投資資金を預かり、合意した投資方針に基づきベンチャー企業に投資する事業です。ＦＭＣは電通から50億円、ＦＭＶはケース7で紹介したＴＹＯから20億円ほどの投資資金のコミットをいただきスタートしました。

昨今の経済環境は、優秀なベンチャーに投資したい大企業はたくさん存在するのに対して、優秀なベンチャーに投資できる機会は限られている状況にあり、つまり投資側は、優秀なベンチャーから選ばれる側にあります。つまり、ＣＶＣを営むうえでは「出資元を探してお金を集めること」ことと同じくらいかそれ以上に、「有望な出資先を見つけて投資すること」の難易度が高いのです。

フィールドマネージメントは、そこまで高いベンチャーに選ばれるスキルを有してはいませんでした。そこで、実務経験豊富な2人のファンドマネージャーを外部から獲得。事業を軌道に乗せ、ＦＭＣは電通に売却、ＦＭＶは現在も運用を継続しています。

ステップごとに見ていくと、まず、実績がない状態で電通やTYOから数十億円単位のお金を出資してもらう段階においては、まさに弊社のアセットである「法人の意思決定者を説得して、見えないものを売る力」が活用されました。

また、CVC事業に踏み出すにあたって必要となるファンドマネジメントのスキルについては、先述したとおり、外部からの獲得という形で解決しました。

これは、柴田氏という人材の獲得によってスマホアプリの開発スキルが弊社にもたらされたのと似た構図（柴田氏は開発スキルだけでなく、事業経営センスや、事業推進力の高さなど、ベンチャーが成功する要素の多くをフィールドマネージメントとのシナジーで提供してくれました）。**「ないなら外部から獲得する」という割りきった発想で、外部から人材ごとスキルを獲得した**のです。

弊社のCVCの実績はもともとゼロだったわけで、**弊社の有する「法人への説得力」と、ファンドマネージャーの採用による「新規スキルの獲得」の両方**が揃わなければ、CVC事業が成立し、また、成功することはなかったでしょう。

⑦フィールドマネージメント・ヒューマンリソース

15年には、フィールドマネージメント・ヒューマンリソース（FMHR）という子会社を設立しました。人材育成・研修を主事業とする会社です。

コンサルティングビジネスでは、経営者や経営企画部長に対して「説得する力」を使いますが、FMHRではそれを使う相手が人事担当役員や人事部長に変わるイメージです。

提供するサービスについては、人材育成・研修という内容で、経営コンサルティングとクロスセルの可能性が高いもので、事業シナジーも高く、弊社にとっては「追加メニュー」とでも言うような事業で、成功確率の高い新規事業と言えます。

企業ごとに内容をカスタマイズするものは、企業の課題に合わせた内容を設計するので、コンサルティングスキル（企業の課題抽出と、その解決策の提示）が発揮されます。また、クライアント企業の社員ひとりひとりが問題解決のプロフェッショナルになっていくという内容の研修では、コンサルタントとしてのスキルを伝授していくという内容になるので、フィールドマネージメントのアセットが存分に発揮されます。

今後はカスタマイズ研修だけでなく、パッケージ化された研修の開発に取り組むべく事業展開を試みるつもりですが、これも、ある程度パッケージ化されたコンサルティング商材を参考に構築していく予定です。

⑧湘南ベルマーレ

Jリーグクラブ、湘南ベルマーレに対する資本参加も行いました。フィールドマネージメントの自己資本による投資活動とも言えます。そして、私自身が湘南ベルマーレの取締役にも就任しました（その後、Jリーグの理事就任を機に取締役は退任）。

「コンサルティング会社がなぜサッカークラブの経営を？」と、多くの人が疑問に思ったことでしょう。コンサルティングとスポーツという産業だけを並べれば、たしかに意外な組み合わせに見えますが、サッカークラブの売上のうち、およそ半分はスポンサー収入。つまり、B to B営業が非常に重要なスキルであり、フィールドマネージメントのアセット「法人に対して見えないものを売る力」が生きる産業だとも言えるのです。また、湘南ベルマーレとライザップをつなぐ作業も、スキルの〝ずらし〟だったと思います。

私は、共通の知人を介してライザップの瀬戸健社長と知り合い、普段の癖で、お付き合いを重ねながら、コンサルティングや研修のニーズがあるか、ベンチャー投資の欲求はあるか、時にさぐっていました。そうしたやりとりのなかで、「プロスポーツチーム経営（湘南ベルマーレ）に興味はありますか」とお尋ねすると、「なくはないですよ、何かあるんですか？」とのこと。その意向を知った瞬間から、湘南ベルマーレとライザップがどういう形で関わり合うのがベストなのかを考え始めたわけです。

半年ほど、スキームを考え、湘南ベルマーレの経営陣と議論を重ね、そうしてライザップがクラブの責任企業となることが決まりました。

本件は、フィールドマネージメントのビジネスとしては、直接的に大きなリターンがあったわけではありません。ただ、投資先でもある湘南ベルマーレのバリューアップにつながるかもしれない動きでもありましたし、弊社のスポーツ業界における存在感の向上や、それにより複数のプロスポーツチームとのビジネスがスタートしたことなど、湘南ベルマーレとの取り組みを通じて得たメリットは大きいものだったと考えています。

振り返れば、湘南ベルマーレにおけるスポンサー営業の強化支援も、ライザップとの交渉も、コンサルティングで培ってきたスキルの〝ずらし〟でした。特にライザップの件について思考を巡らせていた日々は、コンサルプロジェクトを進めているかのような頭とスキルの使い方をしていたように思います。

⑦で紹介した研修事業は、**コンサルティングの〝隣地〟の産業**で同じスキルを使ったケース。湘南ベルマーレの事業は、**スポーツという〝飛び地〟の産業**で同じスキルを使ったケース。そんなふうに整理できます。

⑨『S/Double』

湘南ベルマーレに続いての〝飛び地〟への挑戦が、アパレル業界への進出でした。

アパレルブランド『STUSSY（ステューシー）』を日本に導入した株式会社インターミックスの木村亘社長と縁あって知り合い、同社に資本参加することに。

ブランド創立者のショーン・ステューシーが11年に立ち上げた『S/Double』というブランドは、ショーンが若かりしころ発表し、世界中でヒットしたSTUSSYのファンたちへ向けた新ブランドでした。そのファンたちは、STUSSYを着ていた20代のときから、時が経ち年を重ね、30代後半40代に突入し、胸に大きなSTUSSYのロゴが入ったTシャツは着づらくなったので、ショーン本人が、往年のSTUSSYファンに送る、大人になっても着やすい、言うならば大人バージョンのSTUSSYというコンセプトです。

ブランド名の由来は、ショーン・ステューシーのイニシャルのSとSをとって、エスダブル（S/Double）。ビームスやユナイテッドアローズ、ロンハーマンなど、多くのセレクトショップで取り扱われました。そして、その日本総代理店となったのが、このインターミックス社でした。当時、ブランド拡大にチャレンジを抱えていたエスダブルのブランドを用いて、新規事業の可能性を検討しました。

そこで目をつけたのが企業の制服でした。日本はとにかく制服が好きです。欧米は機能面から制服を着用する傾向ですが、日本では、習慣で制服という流れというか文化がありま す。ショーン・ステューシーがデザインする日本のコーポレートユニフォーム――その響きに魅力を感じ、働く40代となったSTUSSYファンたちに向け、導入してくれる会社は必ず見つかるはずだと考えました。

勝算があると感じた理由はそれだけではありません。この事業も結局は法人への営業力がカギを握っており、フィールドマネージメントのアセットが役立つに違いないと思っていたのです。

しかし、道のりは険しいものでした。

「コストが見合わない」「既存の業者から変更するのは難しい」……

提案すれどもすれども、青山花壇の香りが漂いました。

どこに問題があったのか。

法人への営業力というスキルをずらしたつもりだったのですが、コンサルティングの提案では、説得する相手が経営者や経営企画部長、マーケティング部長などであるのに対し、このユニフォームの導入提案で説得すべき相手は、主に総務の、それも部長でもない総務の担当者でした。

そこに、誤算がありました。

総務担当者の意思決定の基準は、たとえばマーケティング部長の意思決定とはまったく異なります。さらに、STUSSY世代よりも若い担当者が多いです(笑)。

たとえば売上に数十億円のインパクトをつくれるマーケティング部長は、アウトプットがよりよいものになると思えば、予算に1億円プラスする、といった判断を下す場合もあります。これに対し、総務担当者は極端に言えば、1円でも安いほうを選ぶ、デザインは二の次、という考え方の人が少なくありません。ショーン・ステューシーの名前を出したところで、彼らの判断を覆すことはできず、コーポレートユニフォームの事業は伸び悩みました。

その後、フィールドマネージメントの自社ブランドで、アパレル事業に再びチャレンジすることになります。ロンハーマンやベイクルーズとの取引が始まったり、読売巨人軍のマーチャンダイジングの仕事を獲得したり、ファッションの仕事をしたいと言って手を挙げてくれるコンサルタントを採用することができたりと、アパレル事業はさまざまな形で広がりを見せていきます。そう考えると、S/Doubleのコーポレートユニフォーム事業への挑戦は決して無駄ではなかったと思います。

ただ、**「法人への営業力」としてアバウトに認識していた弊社の強みは、実は総務担当者などのコスト意識が高い部門では機能しない。そうした教訓を得ることになった**新規事業でもありました。スキルの特定の粒度の細かさの大切さを再認識する事業となりました。

⑩『Body Conditioning Technology』

2018年、東京・表参道に『Body Conditioning Technology』というジムをオープンしました。コンサルティング会社が経営するスポーツジム。これもやはり〝飛び地〟の新規事業です。

もちろん、勝算を持ってスタートしました。企業の福利厚生の予算を獲得できるのではないかと考えたのです（単にやりたかったというのもありますが）。

大企業は多くの場合、スポーツジムと提携して、社員が低料金でジムを利用できる仕組みを設け、それを福利厚生の一環と位置づけています。Body Conditioning Technology は、さまざまな種類のＥＭＳ（Electrical Muscle Stimulation＝筋電気刺激）スーツを活用することで「たった20分で、４時間分」のトレーニングができることが売り。

ＥＭＳは、電気刺激によって筋肉トレーニングをサポートする技術。家庭用のものは、あのクリスチアーノ・ロナウドが宣伝してるSIXPAD。その業務用のスーツをヨーロッパから何種類も調達して、それぞれのニーズに合ったトレーニングを提供するジムです。ビジネスマン向きという想定でした。

立地も住宅地ではなく、オフィスの近くや買い物ついでに寄れる表参道（単にフィールドマネージメントのオフィスの近くというのもありますが）。フィールドマネージメントと取引がある企業の経営者に持ちかければ、必ずや興味を持ってもらえるだろう、一般的なフィットネスジムよりも、立地もよく、時短になり、流行りのテクノロジーを導入している弊社のジムのほうを選んでくれるはずだ、と考えていました。

しかし、企業の福利厚生の契約は思うように進みませんでした。

⑨のS/Doubleのコーポレートユニフォーム事業と同じく、最終的に説得しなければなら

ない相手が、総務人事部長（懲りてない）。コスト面の優位性はない弊社のジムは、大人数の福利厚生には向かないわけです。さらに言うと、パーソナルトレーニングなので、大人数を受け入れるキャパもないわけです。

ずらしを言い訳に好きな事業をやっちゃうことの危険性に対する反省パターンかなという展開かと思いきや、ジムの経営自体はいたって順調です。

表参道駅から徒歩3分という立地のよさに加え、弊社に、美容鍼灸の店舗運営に長らく携わってきた担当役員がおり、店舗を流行らせるノウハウがあったことから、想定外の女性のボディメイキング需要にはまり、早々に黒字化することができました。

また、企業の契約の獲得は苦戦していますが、経営者本人が会員となり、友人経営者を紹介してくれるので、結果的に、経営者のサロン化という想定外の展開を見せ、コンサルティング事業本体へのシナジーが生まれています。

ずらしていることを言い訳に、**やりたい新規事業を強引に開始することの危険性には注意**という教訓を与えてくれたケースですね（笑）。

「ズラシ戦略」を自社でやってみてのまとめ

フィールドマネージメントでさまざまな新規事業に取り組んできた経験から、この章の最初にお話しした「ズラシ戦略」のステップに少々補足を加えておきます。

まず、そのステップとは、次の4つでした。

〔ステップ1〕

自社が同業他社と比べて優れているスキルやアセットのリストアップ

〔ステップ2〕

リストアップした自社の誇れる強みを活用できる業界を見つける

〔ステップ3〕

ずらし先の業界でそのスキルやアセットに優位性があるかをチェック

〔ステップ4〕

実行できる社内の体制を整える

ステップ1の自社の強みについてですが、フィールドマネージメントのアセットを改めて見直してみると、やはり、トップの心をつかむ組織的な営業力が挙げられます。創業期は特に、クライアント側としては、あまり聞いたことがないフィールドマネージメントに仕事を発注するのは不安もつきまとうはずですが、それでも「この人たちに賭けてみたい」「実力は未知数だけどお願いしてみよう」と思わせられる営業スキル、言い換えれば「見えないものを売る力」に、競合他社を凌駕する強みがあるのだと思います。

そうでなければ、マッキンゼーやボストンコンサルティンググループ、アクセンチュアなど、グローバルに展開する大手のファームがあるなか、ブランド力という点では圧倒的に劣る弊社が、並みいる大手が受注するのと同等のプロジェクトを獲得できてはいないでしょうから！

いまはメンバーもトップファームから数多く採用できるようになり、ブランド力のあるクライアント企業との取り組みなどを通して、フィールドマネージメント全体のパワーやブランド力も向上し、数々のプロジェクトを受注できるようになりました。

先にもお話ししましたが、他社より優れているものを考えるときは、経営者や役員など特定の人が持っているスキルではなく、**あくまで組織としてのスキルに目を向ける**ことが大切！　そうでないと、再現性がないからです。もし、強みとしての複数のスキルを挙げることができたら、その中でも**一番再現性の高いもの**を〝ずらし〟に使うとよいと思います。

自社の強みを把握することができたら、次の**ステップ2では、それを生かせる業界はどこなのか**を考えてみること。

ポイントとしては、先にも書いたように、**強みであるスキルをそのまま使えること**が望ましい。先述した弊社の10の事例のうち、想定どおりにはいかなかった例として挙げた青山花壇やS/Double、Body Conditioning Technologyは、いずれも弊社の本来の強みである「経営者や経営企画部長を説得する力」をそのまま使うことはできず、「秘書を説得する力」「総務部長を説得する力」へと、微妙なアレンジを加えざるを得なくなっていました。ちょっとしたずれが起きたことで、自社の強みはその効力を失ってしまったわけです。

ここで、業界を探すポイントとして強調しておきたいのは、**〝隣地〟ではなく、〝飛び地〟を狙う**こと！

たとえば、コンサルティング会社が研修事業を始めるとしたら、それは、〝隣地〟への進出。同じような事業展開をしている会社はたくさん存在しています。そうした市場を攻めても、たしかにいくらかの売上の積み増しは可能ですが、得られる成果は限定的な場合が多いでしょう。

むしろ、湘南ベルマーレの事例のような〝飛び地〟に思いきってジャンプしたほうが、ジャンプした先の業界に大きなインパクトを与えられると同時に、ファーストムーバーアドバンテージを得られる可能性が高くなります。

ステップ3は、ずらし先の業界で、そのスキルやアセットには優位性があるかのチェックです。

法人営業のスキルをそのまま使うことができるし、〝飛び地〟でもあるスポーツ業界にずらしてみるのはどうだろう――?

それは思考の筋道としては間違っていません。ただ、決断する前に一つ確認しておかなければならないことがありました。ずらし先の業界において、他社の法人営業スキルはどれほどのレベルにあるのか、自社のスキルは優位性を発揮できるのか、という点です。

要は、コンサル業界では法人営業力が強みだったとしても、たとえば、スポーツ業界の法人営業力に勝てるかどうか、ということです。

逆に、自社が使おうとしているスキルが、ずらし先の業界ではあまり重視されてこなかった、弱いとされているスキルであれば、ずらしが大きな成果を生む可能性が高くなります。

また、Body Conditioning Technology は、表参道という立地から想定外の方向での成功を生みましたが、このように、地域性を加味することも場合によっては必要でしょう。

フィールドマネージメントが模索する次なる〝ずらし〟

弊社は現在、〝ずらし〟を用いた新規事業をまたいくつか検討し始めています。

その一つがPR事業です。営業の際に説得すべき相手は、コスト意識が高い総務部長ではなく、アウトプットがよりよいものになるなら大胆に予算を積み増せるマーケティング部長で、弊社の強みである「法人の意思決定者を説得して見えないものを売る力」がそのまま活用できると考えています。

PR会社の営業マンも、もちろん優秀な人材がたくさんいると思いますが、弊社はそのなかでも十分に勝負できるのではないかと思っています。なぜかと言えば、弊社には「戦略」という武器があるからです。

コンサルティング会社である弊社は、クライアントが置かれた状況に精通し、クライアントとともに経営戦略を考えます。そのクライアントに対して提案できるPRの企画は、当然ながら企業戦略を踏まえた精度の高いものになるはず。だから、純粋なPR会社の提案を上回れるのではないかと考えるわけです。

「コンサルティング→PR」は、そこまで離れた〝飛び地〟ではないので、インパクトやリターンはそこまで大きなものにはならないかもしれませんが、一定の成果を収めやすい新規事業なのではないかと想定し、検討を進めています。

もう一つの案が、FA（ファイナンシャルアドバイザリー）事業です。M&Aなどを検討している企業に対して、助言やデューデリジェンス（査定）を通してサポートを行う仕事です。

これも基本的には、法人、特に経営者との対話力がものを言う事業なので、弊社の強みが生かせるのではないかと思っています。

先ほどのPR事業と同じロジックで、もともとのコンサルティングサービスの提供を通してその企業の戦略に通じていることも、大きな強みになるはず。世に出ている情報をかき集めて提案を行う競合他社よりも、企業が目指す方向性や経営者の細かなニーズを把握できる弊社のほうが、より的確なアドバイスができると思うのです。

検討はしつつも躊躇している事業があります。

2018年、東証マザーズに上場したコンサルティング会社がありました。その会社の特色は、ＡＩやビッグデータを駆使し、コストカットなどのコンサルティングを自動化・パッケージ化して、中小企業向けに広く提供していることです。

それと同じような発想で、フィールドマネージメントも財務分析やマーケティングのノウハウをパッケージングして全国の中小企業に提供していく、そんなビジネスも不可能ではないでしょう。実際、そうしたサービスを開発してはどうかという助言をいただくことも多くあります。

躊躇するのは、それが、ここまで私が述べてきた「ズラシ戦略」で強調しているポイントに、必ずしも当てはまっていない方向の事業展開だからです。

なぜなら、説得すべき相手は、中小企業の経営者や部長で、弊社が強みとしている説得の相手とは微妙に異なる。さらに、サービスをパッケージ化するスキルは、研修事業などで培ってきたものがあるとは言っても、他の分野に転用するべき根幹のスキル・アセットとは言えないかもしれない。何より、全国津々浦々の中小企業へのアクセスはありません。そうしたアセットを持つ外部パートナーとの提携が必要です。

ＡＩやビッグデータはホットなトピックであり、非常に高いバリュエーション（企業価値評価）につながるとは思うのですが、以上のように、私の「ズラシ戦略」のセオリーにこのままでは合致しないため、事業コンセプトにさらなるひねりを加える必要があると考えます。

「ズラシ戦略」に続く「ヒネリ戦略」ではないですが（笑）、新しい事業を始める際の情熱やインスピレーションは、何事にも代えがたい要素です。

「自分の想い、好きなこと、熱くなれることに素直でいられる事業を模索する」——これが、新規事業をつくっていくにあたり、もっとも大切なスパイスなのだと思います。

あとがき

フィールドマネージメントを創業したころを思い出すと、あのころの熱い気持ちを昨日のことのように思い出します。

それ以前、10年近くコンサルティングを続けていましたが、実は、自分の中で、本当に感謝されているという感覚は薄いものでした。並木くん、ありがとう、本当に救われたよ、とか、起死回生の一打を打てたよ、とか、そんな言葉をかけてもらえたのは、数えるほどしかありませんでした。

もっとコンサルティングというプロフェッショナルサービスは進化できる（産業全体ってだけでなく、自分がそもそも進化するというニュアンスも含め）。１００年ほど前に発明されたこのプロフェッションは、コンサルティングを受け入れないこの日本でこそ、新しい進化を遂げ、レベルアップする。そして、コンサルを拒んだ日本で進化した新しいスタイルは、欧米のそれを上回るクオリティのプロフェッションへと進化していて、日本から世界に広げていけるようなモデルになっているだろう。そう思いました。

製造業の日本から、プロフェッショナルサービスの日本に。

そんな気持ちを込めて、フィールドマネージメントのロゴは、頭文字のＦＭをモチーフに、Fuji Mountain の頭文字とかけて、富士山を思わせる形になっています。背景の楕円はゼロを表しています。ＦＭには、〝新しいことをしたいとき、悩んだとき、最初のステップ（ステップ1）を踏む前に相談したい存在＝「ステップ0」〟というスローガンがあり、その「ゼロ」からきています。

当時、私は、どのような進化をコンサル業界にもたらしたいと思っていたのか？ 最初に、そのことについて、少しお話しさせてください。

まず、そもそも、あまり感謝されていない理由を自分なりに紐解いてみました。大事な課題に間違った答えを毎回出していたとは思えないので、きっと大事な課題なのか瑣末な課題なのかを理解できないまま、ひたすら一生懸命、課題を解いていただけだった、そうやって出した解だったから、当然のことながら、あまり価値のあるものではなかった――それが結論でした。

当時はまだまだプロジェクト単位の仕事が多く、課題がクライアントから提示され、3ヵ月、長くても半年のプロジェクト期間中に、その問いに答えていました。そして、その解をクライアントが実行して出した結果は新聞で知る、といった具合。

そして、これが大きな問題だと認識していました。プロジェクト単位の仕事ではなく、細くてもいいから長く経営者と接して、幹の課題が何なのか、そして今解いている課題が果たして、幹なのか、枝なのか、もしくはもう落ちてしまった落ち葉なのか、認識しないといけないなと思うようになりました。

そこで考案したのが、『3×3×3　トリプルキューブ』というコンサルティングのあり方でした。たとえば、大手コンサルファームやシンクタンクなどとのコンペがあったとしましょう。クライアントから提示されたお題がAだったとします。そして、予算が100だったとします。

大手ファームは、ほぼ100%の確率で、「Aの課題を解くには、パートタイムのパートナーが2名つきます。マネージャー1名とコンサルタント2名がフルタイムでつきます。その態勢で、見事3ヵ月でその課題を解いてみせます」という提案をします。

一方で、フィールドマネージメントは以下のような提案をするようにしています。「Aが本当の課題なのでしょうか？　もちろん、Aに対する方向性は3ヵ月で提示しますが、以下のような取り組みができませんか？　パートナーは2名、パートタイムで参加します（大手と同じ）。マネージャー1名とコンサルタント2名は、1／3のキャパで投入しますが、3倍の期間、契約させてください。最初の3ヵ月で、約束どおりAに対する方向性は出します。

大手と違って、300ページのパワーポイントはつくらないでしょう。でも、意思決定に必要なポイントをついた提案を100ページで提供できる自信があります。大手の精度が90％なら、1／3のリソースで、80％の精度までもっていけるからです。最後の10％の精度のために、3倍のリソースを大手はかけていると言えるかもしれません。

代わりに、次の3ヵ月（4ヵ月目〜6ヵ月目）の提案で、会社全体の課題を整理します。そのまた3ヵ月（7ヵ月目〜9ヵ月目）で課題に優先順位をつけて、こちらから、この課題が幹だからこれをこういう順番で解いていきましょうという提案をします。

こうして、9ヵ月間に3つの提案をするわけです、同じ予算100で。

1／3のリソースで、3倍の期間一緒にいて、3つの提案をする、これが、フィールドマネージメントの「トリプルキューブアプローチ」です。

わたしが、マッキンゼーを辞めるとき、もっとコンサルは日本で進化できると感じて、10年かけて編み出したアプローチです。多くの経営者に、このアプローチを共感していただいていますし、結果も出せていると思っています。これは、大手よりも柔軟なスタッフィングの仕組みを裏で回せているフィールドマネージメントだからこそ提供できるものだと思っています。

もう一つは、この本の主題により関係する、コンサルプロジェクトに関わるプロフェッショナルに関してのことです。

欧米だと、ハーバードやオックスフォードを卒業したばかりの若者が切れ味鮮やかな分析をして、伝説の経営者を唸らせるなんてシーンが多々あるようです。マッキンゼーでも多くの海外のパートナーたちから、そのような話を聞きました。

しかし、日本はなんと言っても年功序列の国。大企業の社長の前で、23歳の若者がプレゼンするなんて機会は、欧米と比べてそもそも少なかったと思いますし、その場にいても役割は資料の配布とメモ取りだったりで、発言できることはレアでした。

仮にそのとき神がかったコメントを残したとしても、クライアント側、コンサルチーム側の両方に、若者は黙っていろという空気が漂うこともあり、やはり、ファクトに基づいた分析よりも、50年の経験からの、時には勘とも思えるコメントのほうが重視されがちでした。でも、両方大事だと思うんです。勘は勘でも、経験があるからこそ出てくる示唆なのですし、分析も無視してはいけない。事実は嘘をつかないわけですから。

そこで目をつけたのが、昨今、数々の上場企業に30代の社長が登場していること。20代でも、成長、売却、倒産などを経験している経営者が多く存在していること。一昔前だったら、60代までに40年かけて経験することを、ほんの数年で経験している若者たちがいることでした。

つまり、これからは、ファクトベースの分析力を身につけたコンサルタント自身が、積極的にベンチャー経営やファンドでの資本参加で企業などの経営に携わり、どんどん「グレイヘア」と言われる経営経験を積んでいくべきだと考えたのです。そして、ファクトベースとグレイヘアのハイブリッドは、早ければ30歳の時点で完成すると。

フィールドマネージメントの「ズラシ事業」にも登場した柴田や松居といった若者たちもそうですし、いま、フィールドマネージメントのファンドの代表やスポーツジムを経営しているのは弊社のコンサルタントなのです。だんだんと、このようなハイブリッド人材が育ってきている実感があります。

ここで「グレイヘア」と「ファクトベース」について簡単に説明しておくと、もともと、マッキンゼーなどのコンサルティングも、長年の職業的経験を積んだ人が、それに基づいてアドバイスを行うことから始まり、いわば銀髪の老紳士が行うコンサルティングということで「グレイヘア」と呼ばれました。これに対し、後に若い新人でも一定の成果を与えられるよう、データ等の定量化された指標を用いる手法が考案され、「ファクトベース」と呼ばれています。

大型のコンサルプロジェクトでは、必ず大手の外資コンサルファームとコンペになるわけですが、そのとき、わたしは、一言、クライアントの経営者にこう言います。「社長、どこのファームを選んでも間違いはないと思います。ただ、コンペ相手のファームに、実際、新規事業を経営者としてつくり、成功させたことがあるメンバーが何人いますか？　と聞いてみてください」と。そして、「フィールドマネージメントは、このプロジェクトメンバー、全員にその経験があります」と言うわけです。「車の運転をしたことない人に、車の運転を教えてもらうんですか？」というトドメの一言は最近は封印しています（笑）。

そして、3つ目は、やはり、本当の意味での出来高、言い方を替えると、完全なリスク共有型のフィーのとり方です。これも、ずらしの新規事業という形で、実現させることができました。チェックインサービスのスマポや、チケット販売サービスのチケットスターがその例です。

楽天がある事業をつくりたいと考えていたので、普通にコンサルプロジェクトとして、事業計画書をつくるのでもよかったのですが、それを自社サービスとしてつくり上げ、流行らせ、軌道に乗ったところで、楽天に株式を買ってもらう——これは、実際に売上が上がったらその何%をくださいという、よくある出来高コンサルとは異なり、フィールドマネージメントは、コストをかけて事業をつくっているので、柴田や松居を見るクライアントの目が、コンサルタントを見る目から、一起業家を見る目へと変わっていくわけです。

つまり、ハイブリッドの人材が、リスクを共有して、長く一緒に並走してくれる、そんな進化をコンサル業にもたらしたかったのです。それを10年かけてつくってきた。そんな10年間だったと言えます。それは、どんな大手ファームも、一夜漬けで真似できるものではないと思っています。

フィールドマネージメントにいま課されているミッションは、この新しい進化を遂げた仕組みをいかに大きな流れとして、多くのクライアントに届けていくか、ということです。

東京はもちろん、日本中に、そして、最初に夢見たように、日本から世界へと、いまのモデルに磨きをかけながら広げていく、これが、フィールドマネージメントの次の10年とそのミッションです。


ディスカヴァーの干場さんと出会って、『ミッションからはじめよう！』を出版させてもらったのが２０１２年。初めてお会いしたのは２０１０年か２０１１年でしょう。フィールドマネージメントを創業したのが２００９年ですから、もうその歴史のほとんどを、たくさんの本を出版しながら、見守っていただきました。そして、今回もこのような記念の本を一緒につくる機会をいただけて、本当に感謝しています。

思えば、多くの方々に見守っていただいて、一緒に夢を見て、ずらしてきた10年でした（笑）。自分の好きなことに素直でいたいと思い、始めたこの会社も、だんだんと成長し、多くのプロフェッショナルたちが、やりたいことがここにあるのでは？　と感じて、仲間になってくれました。支えていただいている方々、そして一緒に夢を見てくれる仲間たちと、次のズラシを画策するのが楽しみです。

また、「あーーーそうズラシたか!!」って、にんまりされるような、「ズラシ戦略」を計画していますので、これからも、末長く、フィールドマネージメントのずらしを見守っていただければと思います。

なお、本書の第2章の8つのケーススタディは、ダイヤモンドオンラインでの連載（2017年4月27日～2018年6月11日）をもとに加筆修正したものです。ダイヤモンドオンラインの深澤献編集長ならびに、今回もお世話になった日比野恭三氏のご協力があってこそ、この本が書けました。この場を借りて心よりお礼申し上げます。

株式会社フィールドマネージメント代表　並木裕太

2019年8月

ズラシ戦略
今の強みを別のマーケットに生かす新しいビジネスの新しいつくりかた

発行日　2019年9月15日　第1刷

Author
並木裕太

Book Designer
加藤賢策（ラボラトリーズ）

Publication
株式会社ディスカヴァー・トゥエンティワン
〒102-0093　東京都千代田区平河町2-16-1
平河町森タワー 11F
TEL　03-3237-8321（代表）
　　　03-3237-8345（営業）
FAX　03-3237-8323
http://www.d21.co.jp

Publisher
干場弓子

Editor
干場弓子　谷中卓
（編集協力　日比野恭三）

Editorial Group
藤田浩芳　千葉正幸　岩﨑麻衣　大竹朝子
大山聡子　木下智尋　林拓馬　堀部直人
松石悠　三谷祐一　安永姫菜　渡辺基志
郭迪　連苑如　施華琴

Marketing Group
清水達也　佐藤昌幸　谷口奈緒美
蛯原昇　伊東佑真　井上竜之介　梅本翔太
小木曽礼丈　小田孝文　小山怜那
川島理　倉田華　越野志絵良　斎藤悠人
榊原僚　佐々木玲奈　佐竹祐哉　佐藤淳基
庄司知世　高橋雛乃　直林実咲　鍋田匠伴
西川なつか　橋本莉奈　廣内悠理　古矢薫
三角真穂　宮田有利子　三輪真也
中澤泰宏

Business Development Group
飯田智樹　阿奈美佳　伊藤光太郎
志摩晃司　瀧俊樹　林秀樹　早水真吾
原典宏　牧野類　安永智洋

IT & Logistic Group
小関勝則　岡本典子　小田木もも
高良彰子　山中麻吏　福田章平

Management Group
田中亜紀　松原史与志　岡村浩明
井筒浩　奥田千晶　杉田彰子　福永友紀
池田望　石光まゆ子　佐藤サラ圭

Assistant Staff
俵敬子　町田加奈子　丸山香織
井澤徳子　藤井多穂子　藤井かおり
葛目美枝子　伊藤香　鈴木洋子
石橋佐知子　伊藤由美　畑野衣見
宮崎陽子　倉次みのり　川本寛子　王廳

Proofreader
文字工房燦光

DTP
アーティザンカンパニー株式会社

Printing
大日本印刷株式会社

ISBN978-4-7993-2474-5

ミッションからはじめよう！

並木裕太

本体価格1500円
ISBN:978-4-7993-1137-0

なぜ、問題解決本を読んでも、リアルな問題は解決できないのか？

なぜ、ロジカルシンキングだけでは、人は動かないのか？

なぜ、コンサルは結局、役に立たないのか？

元マッキンゼー最年少役員が教える、自分と会社の変革プロセスとそのツール。

実際に「使える」ようになっていただくために、リアルな「ストーリー」を用意いたしました。

舞台は某航空会社。主人公は入社4年目にして、なぜか経営企画室に配属された現代っ娘、大空翔子。

主人公といっしょに楽しみながら、ミッション・ピープルへのプロセスを体得していきましょう。

発行日 二〇一二年三月二五日／ページ数二一六ページ／四六判並製
電子版は、Amazon、Kindle、楽天kobo他で
発行元：ディスカヴァー・トゥエンティワン http://www.d21.co.jp

コンサル一〇〇年史

並木裕太

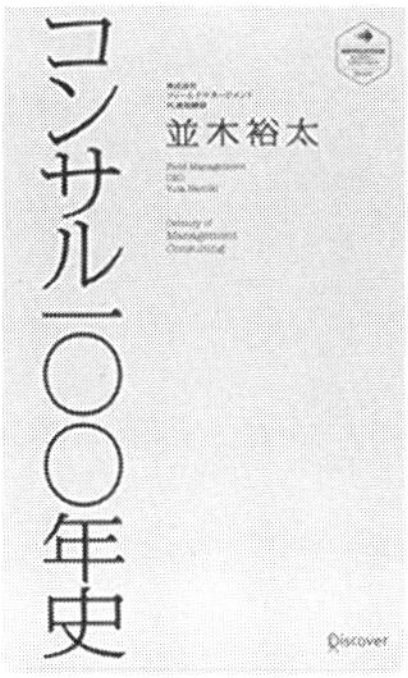

本体価格2500円
ISBN:978-4-7993-1591-0

社会に対して決定的な影響力を有する頭脳集団として近年ますます注目を浴びる「コンサル」。その卓越したノウハウが各所で語られるなか、実態そのものは謎に包まれたままでした。

本書は、そうした「コンサル」の正体を明らかにするべく、20世紀初頭に活躍したフレデリック・テイラーに始まる100年の歴史を紐解くとともに、実際のプロジェクトをコンサルティング・ファームがどのように手がけたか、またコンサルタントたちは現場でどのように働いているのかなどを詳らかにするものです。

さらに、マッキンゼーで数々の経営変革案件に携わったのち、自ら経営コンサルティング・ファームを立ち上げた著者が、日本におけるコンサルティング業界の問題点を指摘し、これからのコンサルティングのあるべき姿について提言します。

発行日 二〇一五年一月二八日／ページ数三五二ページ／A5判変型並製
電子版は、Amazon、Kindle、楽天kobo他で

発行元:ディスカヴァー・トゥエンティワン http://www.d21.co.jp

日本プロ野球改造論

並木裕太

本体価格1000円
ISBN:978-4-7993-1298-8

観客動員数が減り、地上波テレビ中継の視聴率も低迷している日本プロ野球。しかし、1990年代半ばまで、日本のプロ野球と米メジャーリーグの売上規模はほぼ同じでした。現在、メジャーは規模を拡大し、日本との差は4倍にも広がっている!

その違いはどこにあったのか?

ビジネスコンサルタントとして、プロ野球界にかかわってきた著者が、次世代の夢を創るスポーツ=プロ野球の徹底改造論を提案。本書は、日本の産業が再浮上するための大きなヒントにもなるでしょう。

発行日 二〇一三年三月一五日/ページ数二四八ページ/新書判
電子版は、Amazon、Kindle、楽天kobo他で

ぼくらの新・国富論

並木裕太+ワイアード編集部

本体価格2000円
ISBN:978-4-7993-1448-7

世界を驚かす企業を、どうやったら日本は生み出せるだろう?

21世紀のすべての企業には〝ベンチャー精神〟が必要だ。

本書は、コンサル界の風雲児・並木裕太と、未来を拓くイノヴェイションメディア「WIRED」のコラボで贈る、次世代ビジネスマン・起業家必携の「スタートアップの教科書」です。

ベンチャー育成の土壌があるシリコンヴァレーからの報告、再生のためにベンチャーと協業しようとする日本航空社長へのインタビュー、9人の若きベンチャーへのインタビューなど具体的な事例を豊富に紹介しながら、日本でどのようにベンチャーを勃興させていけるかを熱く論じます。

発行日 二〇一四年一月三十日/ページ数三六〇ページ/四六判変型並製
電子版は、Amazon、Kindle、楽天kobo他で

発行元:ディスカヴァー・トゥエンティワン http://www.d21.co.jp